KB265140

꿈의
크기만큼
자란다

꿈의 크기만큼 자란다

초판 1쇄 발행 2013년 11월 1일
초판 2쇄 발행 2014년 1월 11일

지은이 **조영탁** · 발행인 **권선복** · 편집주간 **김정웅** · 편집 **김소영, 김호연, 조웅연** · 디자인 **최새롬** · 마케팅 서선교 · 전자책
신미경 · 발행처 **도서출판 행복에너지** · 출판등록 제315-2011-000035호 · 주소 (157-010) 서울특별시 강서구 화곡로
232 · 전화 0505-613-6133 · 팩스 0303-0799-1560 · 홈페이지 www.happybook.or.kr · 이메일 ksbdata@daum.net

값 15,000원

ISBN 979-11-5602-005-9   14300
ISBN 979-11-5602-004-2(세트)

Copyright ⓒ 조영탁, 2013

도서출판 행복에너지는 독자 여러분의 아이디어와 원고 투고를 기다립니다. 책으로 만들기를 원하는
콘텐츠가 있으신 분은 이메일이나 홈페이지를 통해 간단한 기획서와 기획의도, 연락처 등을 보내주
십시오. 행복에너지의 문은 언제나 활짝 열려 있습니다.

도서출판 행복에너지 홈페이지를 방문하여 회원가입 하시면 신간발행 소식과 함께 (주)휴넷 조영탁 대표님의
행복한 경영이야기 소식을 전송하여 드립니다.

도서
출판 행복에너지

조영탁의 행복한 경영이야기
꿈·비전 편

꿈의 크기만큼 자란다

조영탁 지음

도서
출판 행복에너지

　사람은 누구나 꿈을 가지고 태어납니다. 꿈은 방향입니다. 길고 험난한 삶을 살아가는 데 있어서 우리가 길을 잃고 헤매지 않을 수 있도록 나침반 즉, 북극성의 역할을 해줍니다. 꿈은 성공의 척도입니다. 사람들은 누구나 꿈의 크기만큼 자라납니다. 꿈은 에너지입니다. 큰 꿈, 큰 비전을 가진 사람은 아무리 어려운 일이 닥칠지라도 그 모든 역경을 극복해낼 수 있습니다.

　꿈을 이루기 위해선 오픈 마인드로 비전을 공개하고 늘 비전을 입에 담고 살아가는 삶을 살아야 합니다. 매일 매일 비전을 글로 쓰며, 지금은 불가능해 보이는 비전을 향해 우보만리牛步萬里의 자세로 꾸준하게 걸어가야 합니다.

　본서는 지난 10년간 발행된 '조영탁의 행복한 경영이야기' 중 꿈과 비전에 관한 내용을 모아 엮은 것입니다.

　10년 전 어느 날, '어차피 하는 공부라면 남들과 함께 나누자'는 소박한 생각으로 조영탁의 행복한 경영이야기를 시작하였습니다. 초기에는 초일류 기업과 훌륭한 경영자, 경영학자들을 연구하면서 ‘위대한 기업’의 조건을 밝히고 그 결과를 공유하였습니다. 점차 경영을 넘어 자기계발, 리더십, 문학, 철학, 역사를 포함한 인문학까지 범위를 확대했습니다.

권당 하나의 주제, 주제당 한 시간을 가정할 경우 대략 2,500여 권의 책, 2,500시간을 행복한 경영이야기에 투자했다 할 수 있습니다.

그동안 200만 독자로부터 분에 넘치는 사랑을 받았습니다. 그러나 행복한 경영이야기로 인해 가장 행복한 사람은 바로 저입니다. 행복한 경영이야기 덕분에 신나게 공부하고 활기차게 생활할 수 있었습니다. 매일 새벽 6시 30분에 출근하여 책을 읽고 촌철활인의 통찰을 메모하며, 주옥같은 명언을 발췌했습니다. 소위 ‘10년 법칙’처럼 꾸준한 학습을 해온 덕에 경영과 리더십, 인생을 살아가는 법을 조금은 터득하게 되었습니다.

여러분의 분에 넘치는 사랑에 보답코자, 지난 10년간의 행복한 경영이야기를 꿈과 비전, 긍정, 열정, 인간관계, 리더십, 실천, 경영, Best 행경 주제로 정리하여 총 10권의 책으로 출간하였습니다.

동서고금을 통틀어 2,500여 책에서 가장 감명 깊은 구절들을 뽑아 엮어놓고 보니, 이대로 세상을 살아갈 수만 있다면 누구나 행복한 인생, 성공하는 삶을 살아갈 수 있을 것이라는 생각이 듭니다. 본서가 독자 여러분의 행복한 성공에 조금이라도 도움이 될 수 있기를 기원합니다.

조영탁

목차

조영탁의 행복한 경영이야기
꿈·비전편

무한 잠재력을 가진 내 인생

우리는 모두 무한한 잠재력을 가지고 태어났다

인생의 주인공은 바로 나다

우리는 모두 무한한 잠재력을
가지고 태어났다

천재성에 대한 새로운 해석

우리 모두에게는 각자의 천재성이 있다. 천재라고 하면 자신과는 상관없는 이야기라고 말하는 사람이 많다. 내가 말하는 천재성은 일반적 정의와는 다르다. 다른 사람의 능력과 비교해서 뛰어난 능력이 아니라 자기 안에 이미 깃들어 있는 능력 가운데 가장 뛰어난 능력이 바로 천재성이다. 그리고 이 천재성이야말로 앞으로 자신이 할 일을 찾아내는 데 중요한 열쇠가 된다.

– '꿈 PD 채인영입니다'에서

촌철활인 | 한 치의 혀로 사람을 살린다

모두가 같은 분야에서 No. 1 경쟁을 하게 되면 한 명의 승자를 제외하곤 나머지 모두는 패배자가 됩니다. 그러나 모두가 자신이 가진 특별한 천재성을 발견해 그 분야에서 Only one을 추구하게 된다면, 역설적으로 모두가 해당분야에서 No. 1이 될 수 있습니다.

나의 가능성은 무한하다

모든 사람들의 마음속에는 좋은 소식이 있다. 바로 자기 자신이 얼마나 위대해질 수 있는지, 얼마나 많은 사랑을 베풀 수 있는지, 얼마나 많은 것들을 이룩할 수 있는지, 잠재력이 얼마나 큰지 모를 만큼 한계가 없다는 것이다.

– 안네 프랭크(Anne Frank)

촌철활인 | 한 치의 혀로 사람을 살린다

월리엄 제임스 하버드대 교수는 "인간은 평생 자신에게 잠재된 능력 중에서 불과 5~7% 밖에 사용하지 못한다. 그리고 그것이 자신의 모든 능력이라고 믿으며 살아간다."라는 연구결과를 발표했습니다.

우리는 "자신의 인생을 싼값으로 취급하는 사람에게 인생은 그 이상을 지불하지 않는다."라는 사실을 기억할 필요가 있습니다.(나폴레온 힐)

우리의 잠재력은
쓰이기 위해 아우성치고 있다

우리 중 완전한 사람은 아무도 없다. 우리는 모두 부족하기에 성장할 수 있는 잠재력이 있다. 우리가 숨겨진 힘을 발휘하지 못한다면 이는 실로 괴롭고 고통스러운 일이다. 그리고 바로 이때 공허함과 갈망, 좌절 그리고 분노가 그 자리를 대신한다.

— E.T 홀(인류학자)

촌철활인 | 한 치의 혀로 사람을 살린다

우리 모두는 무한한 잠재력을 가지고 있습니다. 그 잠재력을 깨닫지 못하고, 개발하지 못해 활용하지 못하고 있을 뿐입니다. 욕구 5단계이론으로 유명한 매슬로우는 "우리가 가진 능력은 쓰이기 위해 아우성치고 있다. 우리가 자신의 능력을 최대한 발휘할 때만 이러한 내면의 아우성을 잠재울 수 있다."고 말합니다.

인간은 자신이
바라는 만큼 발전한다

깊이 알아보지도 않고 주어진 경계를 받아들이면 우리는 '작은' 채로 머무를 것이다. 그러나 경계에 도전하고, 경계를 의심하며 극복하면 우리는 성장할 수 있다. 그렇게 되면 우리는 무한함을 느낄 수 있을 것이다. 우리 자신이 바로 그 무한함에서 비롯된 산물들이기 때문이다.

– 울리히 샤퍼

촌철활인 | 한 치의 허로 사람을 살린다

　피에르 떼이야르 드 샤르댕 신부는 "인간은 자신이 바라는 만큼 발전한다."고 했습니다. 아침에 하루를 시작하며 '내 잠재력의 한계치는 무엇인가? 나는 어디까지 이룰 수 있는 사람인가?'라고 묻고, 잠들기 전에 '내가 가진 무한 잠재력 개발을 위해 오늘 최선의 노력을 다했는가?'라고 묻는 것을 생활화한다면 어느 순간 부쩍 자란 자신의 모습을 발견할 수 있을 것입니다.

사람은 자신이 스스로 설정한 기준에 따라 성장한다

사람은 스스로가 성취하고 획득할 수 있다고 생각하는 바에 따라 성장한다. 만약 자신이 되고자 하는 기준을 낮게 잡으면, 그 사람은 더 이상 성장하지 못한다. 만약 자신이 되고자 하는 목표를 높게 잡으면, 그 사람은 위대한 존재로 성장할 것이다. 일반 사람이 하는 보통의 노력만으로도 말이다.

– 피터 드러커, '프로페셔널의 조건'에서

촌철활인 | 한 치의 혀로 사람을 살린다

일본의 '코이'라는 관상어는 어항에서는 5cm, 수족관에서는 25cm, 강물에서는 1m까지 자란다고 합니다. 처한 환경에 따라 크기가 달라지는 것입니다. 사람도 유사합니다. 다만 처한 환경이 아니라 자신이 어떤 목표를 가지고 있느냐에 따라서 5점, 25점, 100점짜리 인생을 살다 간다는 차이가 있을 뿐입니다.

도전을 계속하면 성공은 커진다

스스로의 한계나 사업의 장래를 미리 결정하지 말라. 사업의 최대 장애물은 일을 시작하기도 전에 스스로 한계를 정하는 것이다. 사람과 사업은 자신이 생각하는 것보다 훨씬 더 큰 잠재력을 갖고 있다.

– 칼리 피오리나(HP 전 CEO)

촌철활인 | 한 치의 혀로 사람을 살린다

그녀는 도전적인 상황에 일부러 마주하며 온 것이 자신의 성공 비결이라고 말합니다. 성공한 사람과 그렇지 못한 사람의 가장 큰 차이는 얼마나 많이 실패했느냐가 아니라 실패를 두려워하지 않고 다시 도전하느냐에 달려있습니다. 성공은 도전하는 자의 몫이고, 미래는 도전하는 자에게만 다가옵니다.

우리는 꿈을 통해 성장한다

우리는 꿈을 통해 성장한다. 모든 위대한 사람들은 공상가이다. 그들은 여름날 부드러운 안개 속에서, 겨울 밤 따뜻한 불 앞에서 사물을 본다. 어떤 사람들은 그러한 위대한 꿈을 묻어버린다. 하지만 그 꿈을 키우고 간직하는 사람들도 있다. 어려운 시절 그러한 꿈을 키워라. 꿈이 현실로 이루어질 날을 진심으로 바라는 사람은 반드시 그러한 꿈이 빛을 보게 될 것이다.

– 우드로 윌슨(미국 전 대통령)

촌철활인 | 한 치의 혀로 사람을 살린다

벤자민 디즈레일리(Benjamin Disraeli, 영국 정치인)는 "위대한 생각을 키워라. 사람은 자신의 생각보다 더 위대해질 수는 없기 때문이다."라고 말했습니다. 자신의 꿈이 지나치다고 생각할 필요가 없습니다. 꿈이 꼭 현실적일 필요도 없습니다. 실현 여부를 떠나 꿈은 인생에 열정과 기쁨을 가져다주기에 그 자체가 소중한 것입니다.

우리는 실패가 아니라
성공하도록 만들어졌다

　많은 사람들이 가지고 있는 가장 큰 문제는 자신을 충분히 믿지 않는다는 것이다. 우리는 우리의 힘을 깨닫지 못한다. 사람은 원래 노예가 아니라 정복자처럼 행동하도록 만들어졌다. 즉 실패가 아닌 성공을 하도록 만들어졌다. 자기 경시는 하나의 범죄이다.

– 프랭크 월워스

촌철활인 | 한 치의 혀로 사람을 살린다

　"큰 꿈을 꾸십시오. 절대로 도중에 포기하지 마십시오. 부정적인 말이나 생각으로 자기 자신의 위대한 잠재력을 죽이는 일이 있어서는 안 됩니다. 여러분에게는 오늘만 있는 것이 아니라 내일이 기다리고 있습니다."(스티븐 스필버그)

한계는 우리가
생각하는 순간 만들어진다

사람들의 한계는 짐작도 할 수 없다. 세상의 어떤 검사로도 인간의 잠재력은 측정할 수 없다. 꿈을 좇는 사람은 한계로 여겨지는 지점을 넘어 훨씬 멀리까지 나아간다. 우리의 잠재력에는 한계가 없고 대개는 아직 고스란히 묻혀있다. 한계는 우리가 생각하는 순간 만들어진다.

– 로버트 크리겔 & 루이스 패틀러

촌철활인 | 한 치의 혀로 사람을 살린다

꿈꿀 수 있다면 이룰 수 있다. 한계는 바로 당신 자신 안에 있다.

(브라이언 트레이시)

인간의 정신은 새로운 생각으로 확대되고 나면 원래 크기로 줄어드는 법이 없다.

(올리버 웬들 홈스)

역량을 키우고 싶으면 무조건 정신부터 키워야 합니다.

(존 맥스웰, '사람은 무엇으로 성장하는가?'에서)

한계에 맞서라

진정한 비극의 주인공은 살면서 일생일대의 분투를 준비하지 않은 사람, 자기 능력을 발휘하지 않는 사람, 자신의 한계에 맞서지 않는 사람이다.

– 아놀드 베넷(소설가)

촌철활인 | 한 치의 혀로 사람을 살린다

고故 정주영 회장의 글을 함께 보내드립니다. "나는 인간이 스스로 한계라고 규정짓는 일에 도전해 그것을 이루어내는 기쁨을 보람으로 여기고 오늘까지 기업을 해왔고, 오늘도 도전을 계속하고 있다. 인간의 잠재력은 무한하다. 이 무한한 잠재력은 누구에게나 무한한 가능성을 약속하고 있다. 나는 주어진 잠재력을 열심히 활용해서 '가능성'을 '가능'으로 만들었다."

한계는 자신이 정하는 것이다

벼룩을 뚜껑이 있는 상자에 넣어두면 벼룩이 뛰어오르는 높이가 점점 낮아진다. 벼룩 스스로 그 정도만 뛰어오를 수 있도록 조절된 상태에 익숙해져버렸기 때문이다. 누구나 생각하는 만큼 뛰어오를 수 있다.

– 출처 미상

촌철활인 | 한 치의 혀로 사람을 살린다

어린 코끼리를 쇠사슬로 기둥에 묶어두면 나중에 다 자란 후에도 달아나지 않는다고 합니다. 결국 외부요인이 아닌 자기 자신이 스스로를 제약하고 있음을 알 수 있습니다. 상상력이 세상을 지배합니다. 그리고 뭐든지 할 수 있다는 자신감이 새로운 세계를 창출합니다. 생각을 고치는 순간 세상은 달라집니다.

특별한 회사라는 인식을 갖는 것

우리가 단지 평범한 회사에서 일하고 있다고 생각한다면 우리는 그저 평범한 회사에 머물고 말 것이다. IBM은 특별한 회사라는 인식을 가져야 한다. 일단 당신이 그런 의식을 가지게 되면, 그것을 실현하기 위해 계속 힘을 내서 일하는 것은 매우 쉽다.

– 토마스 왓슨(IBM 전 회장), 창립 75주년 기념사에서

촌철활인 | 한 치의 혀로 사람을 살린다

직원들이 특별한 회사 혹은 탁월함을 추구하는 회사에서 일한다고 생각하도록 하는 것이 대단히 중요합니다. 경우에 따라서는 돈보다 중요한 것이 자부심입니다. 이런 자부심으로 똘똘 뭉친 회사라면 특별해질 가능성이 높아집니다.

개인도 마찬가지입니다. 특별한 사람이라는 인식이 실제로 나를 특별한 사람으로 만들어 줍니다.

평범함으로부터의 탈출

이 세상에서 절대 용납할 수 없는 것이 있는데, 그것은 평범함이다. 우리가 자기 계발을 하지 않아 평범해진다면 그것은 죄악이다. 사명으로 움직이는 사람들은 평범해질 틈이 없다.

– 마사 그레이엄(세계적 무용가)

촌철활인 | 한 치의 혀로 사람을 살린다

평범함을 용인하는 곳에 나태와 안일, 단조로움이 자리 잡습니다. 평범함을 포기해야만 인생의 환희와 기쁨, 정열적인 삶을 맛볼 수 있습니다. 평범함에서 벗어나고자 할 때 새로운 것에 대한 즐거운 항해가 시작됩니다. 평범함과 과감하게 이별하는 순간 비로소 위대함이 시작됩니다.

성공하는 사람들이 경멸하는 단어

성공은 우리에게 최선을 기대하도록 가르친다. 가장 성공적인 사람들은 다른 어떤 통계 수단을 필요로 하지 않는다. 그들은 스스로에 대해 다른 어떤 비평가보다 더 엄격하다. 그들이 경멸하는 단어가 하나 있다면 바로 '평범'이다.

– 에드워즈 칼라스, '경험으로부터 배우기 위한 12가지 원리'에서

촌철활인 | 한 치의 혀로 사람을 살린다

"이익을 많이 내도 '마다 마다'(일본말로 아직도 멀었다)를 외치는 경영층의 막강한 지도력에 그저 현장 근로자들은 제 할 일을 묵묵히 할 뿐 다른 불만을 얘기할 분위기가 아니다." 도요타 직원이 밝힌 성공 비결입니다. 평범한 성공 후 '이제 되었다, 잠시 쉬자'라는 강렬한 유혹을 떨쳐버리고 끊임없이 자신을 채찍질할 수 있는 것이 위대한 성공의 비결입니다.

발타자르 그라시안은 "나는 평범이란 용인하기 힘든 것이라고 배웠다."고 말했습니다.

인생이라는 연극의 주인공은 바로 나다

사람이란 태어날 때 각자 한 권의 연극 각본을 갖고 탄생한다. 그 각본의 저자도 본인이고, 감독도 본인이고, 주연도 본인이다. 그리고 그 각본대로의 한마당 연극이 사람의 일생이다. 이왕 연극할 바에는 멋들어지게 해야 할 것이 아닌가?

– 경봉스님

연극은 작가와 감독이 하기에 따라 희극이 되기도 하고 비극이 되기도 합니다. 인생이라는 연극의 작가와 감독은 바로 '나'입니다. 내가 패배와 실패의 이미지를 그리면 실패자의 인생을 살게 됩니다. 반면에 승리와 성공, 기쁨과 행복, 평화의 이미지를 떠올리면 아무리 큰 장애물이 있더라도 반드시 그런 인생을 살게 됩니다.

인생의 주인공은
바로 나다

나는 매우 특별한 존재다

당신의 존재는 우연이 아니다. 당신은 대량 생산되지 않았고, 일괄 조립된 상품도 아니다. 당신은 창조주에 의해 신중하게 계획되었고, 특별한 재능을 받았으며, 사랑을 받으며 세상에 나왔다.

– 막스 루카도(작가)

촌철활인 | 한 치의 혀로 사람을 살린다

자신의 소중함을 깨닫는 것, 즉 자신이야말로 세상에 하나밖에 없는 유일무이한, 그 누구와도 바꿀 수 없는 소중한 존재임을 깨닫는 데서 행복한 삶이 시작됩니다. 나를 최고로 사랑하는 사람만이 단 한 번뿐인 인생을 헛되이 살아가지 않도록 최선의 노력을 다합니다. 그런 사람이 다른 사람의 인생도 귀하게 여길 줄 알게 됩니다.

세상에서 가장 중요한 단어는

영어에서 가장 중요한 단어는 다음과 같다.

5단어로 : I am proud of you (나는 당신이 자랑스럽습니다)

4단어로 : What is your opinion? (당신의 의견은 무엇입니까?)

3단어로 : If you please (당신이 즐겁다면)

2단어로 : Thank you (감사합니다)

1단어로 : You (당신)

– '인생 코칭'에서

촌철활인 | 한 치의 혀로 사람을 살린다

　세상에서 가장 중요한 단어는 바로 '나'입니다. 내가 있기에 세상이 존재합니다. 내가 있기에 가족이 존재합니다.

　자기를 소중하게 생각할 줄 아는 사람만이 남도, 사회도 소중하게 생각할 줄 압니다.

넌 하나의 경이(驚異)야

넌 네가 누구인지 아니? 넌 하나의 경이야. 넌 독특한 아이야. 이 세상 어디에도 너와 똑같이 생긴 아이는 없어. 네 몸을 한번 살펴봐. 너의 다리와 팔, 귀여운 손가락들이 움직이는 모양은 모두 하나의 경이야. 넌 미켈란젤로, 셰익스피어, 베토벤 같은 사람이 될 수 있어. 넌 그 어떤 것도 해낼 수 있는 능력이 있어. 넌 정말로 하나의 경이야.

— 파블로 피카소

촌철활인 | 한 치의 혀로 사람을 살린다

인류 역사상 가장 창조성이 뛰어난 예술가로 인정받는 피카소의 독창성originality은 남과 다른 자신만의 진정한 가치를 인식하는 데서 비롯되었습니다. 다른 사람들과 비교하지 말고 자신만의 존귀한 가치를 찾아보세요. 명품은 비교할 수 없기 때문에 명품이라 불립니다.

내가 세상에 존재하는 이유

자신의 재능, 자신의 성향, 자신의 상황 이 모든 것에는 이유가 있다. 그 이유를 찾아내고 그 이유를 염두에 두며 그 이유대로 움직여라. 신은 아무런 이유 없이 당신을 세상에 내놓을 정도로 한가하지 못하다.

– 김은주, '세상에서 가장 긴 1cm'에서

촌철활인 | 한 치의 혀로 사람을 살린다

"1년이 365일로 나뉘어 있는 것은, 365번의 기회를 주기 위해서다. 태양이 매일 떠오르는 것은 매일 새 힘을 북돋워 주기 위해서이다. 세상을 위해 무언가 할 수 있다고 믿는 것, 나로 인해 세상이 나아짐을 보는 것은 인생에서 가장 값진 것이다."

같은 책에서 인용합니다.

나를 사랑하라

　남을 사랑할 수 있는 능력이 자신을 향한 사랑을 통해 비로소 생겨난다는 것을 아는 사람은 별로 없다. 마찬가지로 자신의 내면에 자리한 사랑을 감지할 수 있는 사람만이 조건 없는 진실한 사랑을 할 능력이 있다는 것을 아는 사람도 많지 않다. 하지만 자신을 사랑한다면, 이 사랑을 남에게 전하는 것 역시 매우 자랑스럽고 당연한 일이다.

– 웨인 다이어, '아이키스의 선물'에서

촌철활인 | 한 치의 혀로 사람을 살린다

　롤프 메르클레는 "자기 사랑이 부족한 사람은 항상 자기 이익만을 생각합니다. 그에게는 자신 외엔 가까운 이웃이 없습니다."라고 주장합니다. 그렇습니다. 진정으로 자신을 사랑하지 못하는 사람은 타인을 사랑할 수 없습니다. 진정한 자기 사랑은 내면에 존재하는 사랑을 느끼고 의식함으로써 그 사랑이 자연스럽게 타인과 이웃에 전달될 때에만 가능합니다. (김지영, '행복한 성공'에서)

자기 충족적 예언, 칭찬의 효과

"넌 일본에서 최고야. 반드시 위대한 인물이 될 거야. 너를 보고 있자니 네가 천재일지도 모른다는 생각이 드는구나." 생선장사부터 술장사까지 닥치는 대로 일을 했던 아버지 손삼헌 씨는 주위의 시선 따위는 아랑곳하지 않았고 과장된 몸짓으로 칭찬을 아끼지 않았다. 어느새 손정의는 아버지의 마법에 걸린 듯 자신은 천재이고 대단한 인물이 될 것 같은 믿음을 가지게 되었다.

– 최효찬, '세계 자녀 교육의 영웅들'에서

촌철활인 | 한 치의 혀로 사람을 살린다

아버지로부터 '우리 아들은 천재'라는 말을 들은 손정의는 정말 '천재 사업가'가 되었습니다. 심리학에서는 이를 '자기 충족적 예언'이라고 합니다. 쉽게 말해 덕담 혹은 칭찬의 효과라 할 수 있습니다.

존 듀이는 "인간이 가진 본성 중 가장 깊은 자극은 '중요한 사람'이라고 느끼고 싶은 욕망이다."라고 강조했습니다.

사람은 믿어주는 대로 성장한다

누구나 자기 안에 위대함의 씨앗을 품고 있다. 비록 그 씨앗이 아직 싹을 피우지 못했다 하더라도 누군가 믿어주면 그 씨앗에서 싹이 피어나게 마련이다. 한 번 믿어줄 때마다 생명의 물과 온기, 음식, 햇빛을 주는 것이다.

— 존 맥스웰

촌철활인 | 한 치의 혀로 사람을 살린다

유명 소설가 마크 트웨인은 다음과 같이 말했습니다. "당신의 야망을 깔보는 사람을 멀리하라. 하찮은 사람은 항상 남을 깔본다. 하지만 정말 위대한 사람은 남들도 똑같이 위대해질 수 있다는 희망을 심어준다."

"현재의 모습대로 대하면 그 사람은 그대로 남아있을 것이고, 잠재능력대로 대해주면 그 사람은 결국 그대로 될 것이다."라는 괴테의 이야기도 같은 맥락으로 이해됩니다.

평균은 포기의 또 다른 이름

평균은 안전하게 느껴지지만 실제로는 전혀 안전하지 않다. 평균이라는 건 결국 '눈에 보이지 않는다.'는 것이다. 평균이 되고자 하는 것, 그것은 여러분이 내릴 수 있는 최후의 선택이다. 그 유혹은 포기의 또 다른 이름이다. 여러분은 평균보다 나은 대접을 받을 자격이 있다.

– 세스 고딘

평균이 되는 것은 비교적 쉬운 일입니다. 평균에 머물러 있으면 당분간은 편안함을 느낄 수 있습니다. 평균은 정상처럼 보이지만 사실은 그저 그런 아무것도 아닌 삶에 다름 아닙니다. 평균임을 포기하는 곳에서 탁월함이 시작됩니다.

성공의 75%는 생각에 달려있다

성공의 25%는 "나는 원하는 것을 소유할 만한 가치가 있는 사람이다."라는 의미의 긍정적 자아 이미지를 갖는 것이고, 25%는 목표를 달성할 수 있다고 믿는 I CAN 정신이다. 또 다른 25%는 자신이 원하는 바를 구체적으로 정확히 아는 것이고, 나머지 25%는 생각을 실행에 옮기는 추진력이다.

– 스튜어트 골드 스미스

촌철활인 | 한 치의 혀로 사람을 살린다

결국 생각만 제대로 해도 75%는 성공한 거나 진배없다는 내용입니다. 그러나 막연히 원하는 것이 아닌 구체적으로 원해야 좋은 결과가 나온다고 전문가들은 말합니다. '인생은 스스로 이루어지는 예언'이라는 경구를 다시 한번 상기해 봅니다.

누구나 위대한 사람이 될 수 있다

누구나 위대한 사람이 될 수 있다. 왜냐하면 누구나 남에게 필요한 존재가 될 수 있기 때문이다.

— 마틴 루터 킹

촌철활인 | 한 치의 혀로 사람을 살린다

"세상이 자신을 행복하게 만들어 주지 않는다고 불평하며 배 아파하고 열병을 앓는 이기적인 인간은 진정한 기쁨을 얻을 수 없다. 나는 나의 인생이 전체 사회 안에 있으며, 내가 살아가는 동안 사회를 위해 무엇인가 할 수 있다는 것이 나의 특권이라고 생각한다." 스티븐 코비의 글입니다.

큰 사람이 되세요

크게 생각하고, 크게 행동하고, 크게 꿈꾸어라. 5달러짜리 보통 철 조각이 어떤 형태로 바뀔 수 있는지 생각해 본 적이 있는가? 편자로 바뀌면 그 철은 10.50달러가 된다. 못으로 바뀌면 3,250.85달러가 되며, 시계의 부속품이 되면 자그마치 250,000달러로 가치가 뛰어오른다. 이는 다른 종류의 물질, 바로 당신에게도 적용되는 것이다!

– 콘라드 힐튼(힐튼 호텔 창립자), '비즈니스 위즈덤'에서

실패하는 사람들 대부분은 자신의 능력을 잘못 판단하고 자신의 중요성과 가치를 경시하는 경향이 있습니다. 반면, 성공하는 사람들은 자신의 현 상태에 대해 결코 만족하지 않고 더 높은 목표를 설정하면서 쉬지 않고 개선해 나가는 특징이 있습니다. 그들은 만족과 안주安住가 곧 쇠퇴의 시작임을 잘 알고 있습니다. 자신의 가치는 자신이 만드는 틀로 결정됩니다.

늘 기분 좋게 살아가는 요령

마음이 불쾌해지는 가장 큰 이유 중 하나는 자신이 이룬 것, 자신이 창조한 것이 사람들에게 별다른 도움이 되지 않는다고 느끼기 때문이다. 늘 기분 좋은 인생을 살아가기 위한 요령은 타인을 돕거나 누군가의 힘이 되어 주는 것이라 할 수 있다. 그것으로 존재의 의미를 실감하고, 순수한 기쁨을 누리게 된다.

– 니체

니체는 '인간적인 너무나 인간적인'이라는 책에서 다음과 같이 이야기 합니다. "하루를 기분 좋게 시작하고 싶다면, 잠에서 깨었을 때 오늘 하루 동안 적어도 한 사람에게, 적어도 하나의 기쁨을 선사할 수 있는지에 대하여 생각하라. 그 기쁨이 아주 사소한 것이라도 상관없다. 그리고 어떻게든 그 바람이 실현되도록 노력하며 하루를 보내라."

무리에서 벗어나서 고독한 길을 가라

인생을 쉽게, 그리고 안락하게 보내고 싶은가? 그렇다면 무리 짓지 않고서는 한시도 견디지 못하는 사람들 속에 섞여 있으면 된다. 언제나 군중과 함께 있으면서 끝내 자신이라는 존재를 잊고 살아가면 된다.

— 니체, '권력에의 의지'에서

촌철활인 | 한 치의 혀로 사람을 살린다

대부분의 사람들은 두려움과 안락함 때문에 무리의 일부가 되고자 합니다. 그러나 그 결과는 좀 더 수동적인 사람, 특징 없는 삶, 나만의 차별화된 목표와 경쟁력 부재로 귀결됩니다. 무리에서 벗어나 과감하게 나만의 길을 걸을 때 진정 빛나는 인생을 살아갈 수 있습니다. (유영만, '니체는 나체다'에서)

어제의 나하고만 비교한다

탁월한 인물이 가진 특성 가운데 하나는 결코 다른 사람과 자신을 비교하지 않는다는 점이다. 그들은 자신을 자기 자신, 즉 자신이 과거에 이룬 성취와 미래의 가능성과만 비교한다.

– 브라이언 트레이시

보통 사람들은 습관적으로 남과 비교하며 불행해하고 자신의 페이스를 잃어버리는 경우가 많습니다. 진정한 강자는 남을 의식하는 대신 어제의 나와 오늘의 나를 비교하고, 자신의 목표 대비 어느 정도 와 있는지를 평가합니다. 우리 모두는 이 세상에 유일무이한 소중한 존재입니다.

행복을 원한다면 남과 비교하지 마라

단지 행복해지려고만 한다면 쉽게 행복해질 수 있다. 그러나 우리는 다른 사람들보다 더 행복하게 되기를 바란다. 남들보다 행복하게 되는 것은 항상 어려운 일이다. 왜냐면 우리는 다른 사람들이 실제보다 더 행복하다고 믿기 때문이다.

– 몽테스키외

촌철활인 | 한 치의 혀로 사람을 살린다

행복도 기술입니다. 연습하는 만큼 행복해질 수 있습니다. 행복을 위한 핵심 키워드 중 하나는 '남과 비교하지 말라'입니다.

알베르 까뮈는 "행복하려면 남들에 대해 지나친 관심을 갖는 것은 금물이다."라고 말했습니다.

사람은 무엇으로 움직이는가

내연 엔진이 가솔린에 의해 움직이듯이 사람은 자긍심에 의해 움직인다. 만약 자긍심이 가득 차 있으면 오랫동안 가지만, 반만 차 있으면 곧 넣어야 하고 비어있다면 곧 멈추고 말 것이다.

– 사스(T. Szasz), 박원우 교수의 '동기부여와 임파워먼트'에서

촌철활인 | 한 치의 허로 사람을 살린다

"누가 뭐래도 나는 내가 가장 옳고, 내가 가장 중요한 존재이고, 그런 나를 세상이 인정해 줘야 한다." 이것이 바로 나르시시즘이고, 상대방의 나르시시즘(자기愛)을 존중해 주는 것이 진정한 사랑입니다. 이 세상엔 60억 개의 세상이 존재합니다.

세상의 주인이 되자

주인으로서의 책임감을 갖고 최선을 다하는 것, 직장인이라면 자신의 돈으로 투자하고 판매하는 것처럼 '절박하게' 고민하고 행동해야 성공할 수 있다. 단순히 대리인이라는 생각으로 적당히 행동해서는 결코 치열한 경쟁에서 이길 수 없다. 오너처럼 행동해야 실력도 쌓이고 궁극적으로 CEO도 되고 오너도 될 수 있다

– 워렌 버핏

촌철활인 | 한 치의 혀로 사람을 살린다

남의 일을 하면서도 오너처럼 생각하고 일하는 사람들이 천에 한둘은 꼭 있습니다. 한 사람 주인의 눈이 열 사람 종의 눈보다 밝다고 합니다. 주인과 종은 사명감, 책임의식이 완전히 다르기 때문입니다. 그렇기에 주인의식을 가지고 사는 사람이 진짜 주인이 됩니다. 반면 남의 일을 대신해준다고 생각하는 사람은 영원히 그 자리에 머물게 됩니다.

조 영 탁 의   행 복 한   경 영 이 야 기

꿈·비전편

2 PART

내 인생의
목적 정의하기

인생의 목적을 명확히 하라

행복한 성공을 꿈꾸자

인생의 목적을
명확히 하라

죽음을 의식하며 살아가는 삶

죽음을 망각한 생활과 죽음이 시시각각으로 다가옴을 의식한 생활은 두 개가 서로 완전히 다른 상태이다. 전자는 동물의 상태에 가깝고, 후자는 신의 상태에 가깝다.

– 톨스토이

'몰입'의 저자 황농문 교수는 "어차피 죽을 수밖에 없는 사람으로서 죽음에 저항하는 유일한 방법은 어정쩡한 삶이 아니라 죽음과 가장 반대되는 삶, 인생의 마지막 순간에 후회하지 않을, 후회 없는 삶을 사는 것이라 생각한다."고 말합니다.

황농문 교수가 후회 없는 삶으로 선택한 것은 '진정으로 내가 좋아하는 분야에서 자신의 능력을 한계까지 발휘하는 것, 그리고 그 한계를 넓혀가는 것'이고 그 방법으로 찾은 것이 '몰입'이었습니다.

삶의 목표가 있으면 수명이 연장된다

여름에 사는 정상적인 일벌 암컷은 수명이 약 6주다. 하지만 겨울을 나야 하는 일벌 암컷은 9개월까지 살 수 있다. 유전적으로 동일한 개체군에 속하는 동물들도 생존에 필수적인 도전에 직면하면 생명이 연장된다는 점을 알 수 있다. 이는 유전자원은 같지만 다른 프로그램이 활성화되어 수명을 적극적으로 조절, 주어진 도전에 적응하는 것이 분명하다.

– 잉에 호프만, '오래 살려면 게으름을 피워라'에서

신경심리학자 파트리샤 보일 교수는 1,238명의 노인(평균 나이 78세)을 대상으로 삶의 목표를 물은 결과 목적점수가 높은 노인들이 낮은 노인 대비, 동일 기간 사망률이 절반에 불과하다는 것을 발견했다. 목표를 갖는 것이 신체기능을 더 좋게 하고 스트레스 호르몬 분비를 더 억제하기 때문이다. 한편 방사선과 전문의 칼 사이몬튼은 "암 치유율이 높은 환자들은 살아야 할 강력한 이유를 갖고 있다는 공통점이 있다."라고 밝혔습니다.

명확한 목적이 있어야 한다

명확한 목적이 있는 사람은 가장 험난한 길에서 조차도 앞으로 나아가고, 아무런 목적이 없는 사람은 가장 순탄한 길에서 조차도 앞으로 나아가지 못한다.

– 토머스 카알라일

촌철활인 | 한 치의 혀로 사람을 살린다

성공은 '할 수 있다.'라고 말하는 자를 찾아오고, 실패는 '할 수 없다.'라고 말하는 자를 찾아온다는 서양 속담이 있습니다. 인간은 자신이 믿는 바대로 되는 경향이 있습니다. 지금의 내 생각과 믿음이 나의 미래를 결정합니다.

오르고 싶은 산을 결정하면
인생의 반은 결정된다

나의 인생이란 무엇인가? 나는 무엇을 이루고 싶은가? 자신의 에너지를 어디에 써야 좋은가? 이것을 결정하는 것이 중요하다. 그런 의미로 나는 이 한 문장을 정했다. "오르고 싶은 산을 결정하라. 이것으로 인생의 반은 결정 된다." 자신이 오르고 싶은 산을 정하지 않고 걷는 것은 길 잃고 헤매는 것과 같다.

– 손정의(소프트뱅크 회장)

촌철활인 | 한 치의 혀로 사람을 살린다

손정의 회장은 오르고 싶은 산 결정을 위해 아래 주제를 끊임없이 고민했다 합니다. "사람들이 하지 않는 새로운 것, 많은 사람들에게 도움이 되는 것, 최고가 될 수 있는 것, 계속해서 호기심을 가지고 할 수 있을 것, 식지 않은 열정을 평생 간직할 수 있는 것이 무엇일까?" 99%의 사람들이 자신의 인생을 무엇에 걸 것인가를 결정하지 않고 살아간다는 손정의 회장의 지적이 무겁게 다가옵니다.

박태준 회장의 좌우명

마지막으로 나의 빛바랜 네 가지 좌우명을 소개한다. '무엇이든 세계 최고가 되자' '절대적 절망은 없다' '짧은 인생을 영원 조국에' '10년 후의 자기 모습을 설계하라' 나는 이 네 가지 화두를 잡고 식민지와 전쟁, 포스코 건설, 정치판을 헤쳐 왔다.

– 박태준(포스코 명예회장), 중앙일보 연재 '쇳물은 멈추지 않는다'에서

촌철활인 | 한 치의 혀로 사람을 살린다

故 박태준 회장의 충언입니다. "경제가 어렵다고 아우성이다. 정치적, 사회적 분열까지 겹쳤다. 그러나 원인이 보이면 해법도 보인다. 국민과 기업, 정부가 힘을 합치면 이까짓 난관은 능히 극복할 수 있다. 서로 힘을 합치면 분위기가 바뀌고, 자신감을 회복하면 미래는 보장된다. 절대적 절망은 없다. 깜깜한 어둠을 헤쳐 온 우리나라다. 맨주먹으로 오늘을 건설한 우리 국민이 아닌가. 역사는 굴러가는 것이 아니라 만들어 나가는 자의 몫이란 사실을 기억하자."

새로운 일, 어려운 일, 최고를 향한 여정

나는 특별한 사람은 아니지만, 평범한 삶을 살아온 것 역시 아니다. 나는 원래 가만히 앉아 있는 성격이 아니었을 뿐 아니라 무슨 일을 하더라도 첫째, 최고 최대가 아니면 직성이 풀리지 않는 성격이었다. 그래서 평생을 새로운 일, 어려운 일을 찾아 생각하고 이루어내면서 살아왔다.

– 이병철(삼성 창업 회장)

촌철활인 | 한 치의 혀로 사람을 살린다

이 회장은 "세상 사람들이 어렵다고 고개를 돌려버리는 일에 굳이 손을 대서 기획하고 도전할 때에야말로 가슴속에 타오르는 의욕과 정열을 느낄 수 있었다."고 술회하였습니다. 이 회장과 범인凡人의 차이는 타고난 자질이 아니라 최고를 향한 끝없는 열정과 도전이었음을 알 수 있습니다.

워렌 버핏이 투자할 회사를 고르는 방법

나는 화가가 경영하는 회사를 제일 좋아한다. 위대한 화가들은 작품 하나가 끝나면 몹시 허탈해한다. 기쁨은 작품을 끝내는 데 있는 것이 아니라 그리는 과정에 있기 때문이다. 그래서 그만해도 될 거 같은 작품에 계속 붓질하고 또 붓질을 하는 것이다. 나는 쉬지 않고 회사를 손질하여 조금이라도 다르게 만들려는 사람을 찾는다.

– 워렌 버핏, '노박씨, 이럴땐 어떻게 하나요?'에서

촌철활인 | 한 치의 혀로 사람을 살린다

완성되었다고 생각하는 순간 쇠퇴와 몰락이 시작됩니다. 남들이 보기에는 성공한 회사처럼 보여도 만족하지 않고 여전히 진행 중인 작품을 그리고 손질하듯이 회사를 가꿔가는 경영자. 뭔가를 성취했을 때 만족해서 멈추지 않고, 또 다른 목표를 향해 도전하는 사람! 이들이 진정으로 성공하는 회사, 멋진 인생을 만들어가는 사람들입니다.

천국에 들어가기 위한 두 가지 질문

천국에 들어가려면 두 가지 질문에 답해야 한다는군. 하나는 "인생에서 기쁨을 찾았는가?" 다른 하나는 "당신의 인생이 다른 사람들을 기쁘게 해주었는가?" 라네.

– 영화 '버킷 리스트(The Bucket List)' 대사 중에서

촌철활인 | 한 치의 혀로 사람을 살린다

기쁨을 스스로 만드는 것, 그리고 다른 이들을 기쁘게 해주는 것, 그 핵심에는 유머가 있습니다. 절망의 끝에서도 유머는 빛을 발합니다. 유머로 인해 절망이 해소될 수 있게 됩니다. 나를 위해, 사랑하는 가족과 동료를 위해, 힘들 때일수록 더욱 더 많이 웃을 수 있기를 바랍니다. 유머와 행복의 전염성은 생각보다 강력합니다.

가장 수익성이 높은 정책

우리 회사에서 가장 수익성 높은 정책을 한 가지 들자면 무엇이냐고 묻는 사람들이 가끔 있다. 그러면 나는 주저하지 않고 대답한다. 그것은 바로 눈앞의 수익을 높이려는 욕심을 자제하는 것이라고 말이다. 이것이야말로 가장 수익성 높은 정책일 뿐만 아니라 거의 유일하게 수익성 높은 정책이기도 하다.

— 윌리엄 리글리 2세(추잉껌의 제왕)

촌철활인 | 한 치의 혀로 사람을 살린다

눈앞의 이익을 추구하는 것은 '나쁜 이익', 즉 고객의 희생을 담보로 한 이익을 가져다 줄 가능성이 큽니다. 나쁜 이익을 추구하는 기업은 장기적 생존이 어렵습니다. 고객의 이익을 우선 생각하는 '좋은 이익'을 추구해야 비로소 장기적 생존이 가능합니다.

사람도 마찬가지입니다. 눈앞의 이익 보다는 장기적 관점에서 삶의 근본적 목적을 생각하는 것이 가치 있는 삶을 위한 출발점이 됩니다.

내가 평생 동안 노력한 것

내가 평생 동안 노력한 것은 새롭고도 놀라운 방법으로 사람들에게 기쁨을 주는 일을 하거나 만드는 것이었다. 이를 통해 나 스스로 즐거웠고 만족했다.

– 월트 디즈니

촌철활인 | 한 치의 혀로 사람을 살린다

이 훌륭한 말에는 성공적인 기업가가 되기 위한 4가지 지혜가 담겨있습니다. 첫째, 기업가는 사명감으로부터 만들어지는 바, 기업가의 사명감과 가치관이 담겨있습니다. 둘째, 새롭고도 놀라운 방법, 즉 창의적 방법과 혁신을 지향하는 자세를 엿볼 수 있습니다. 셋째, "사람들에게 기쁨을 주겠다."는 가슴이 울렁거리는 비전을 볼 수 있으며, 더불어 "나 스스로 즐거웠다."는 점에서 스스로 동기부여가 되어있음을 알 수 있습니다.

현명한 선택을 위한 몇 가지 기준

선택에는 몇 가지 기준이 필요하다. 무엇이 옳은 것인가, 어느 쪽이 미래를 향한 것인가, 어느 것이 밝은 쪽인가, 그리고 한 가지 더 중요한 것이 있다. 무엇이 나와 다른 사람을 함께 행복하게 하는 일인가. 선택은 언제나 당신의 몫이다.

— 에크나트 이스와란, '명상의 기술' 중에서

촌철활인 | 한 치의 혀로 사람을 살린다

크고 작은 선택들이 운명을 가릅니다. 나름대로 선택 기준을 갖는 것은 그래서 대단히 중요합니다. 과거보다는 미래, 물질보다는 정신, 이기利己보다는 이타利他적 관점, 단기보다는 장기적 관점, 부정보다는 긍정, 그리고 뭐가 달라도 남과 다르게 하자 등 성공을 위한 나만의 선택기준을 정리해 보는 시간을 가져보세요.

사람 됨됨이가 성공을 결정한다

기업의 흥망과 성쇠는 궁극적으로 기업가의 사람됨에 달려있다. 이윤추구에 목표를 두는 것은 당연하지만 그래도 바른 길을 가겠다는 신념과 철학을 잊어서는 안 된다.

— 이나모리 가즈오(교세라 명예회장)

촌철활인 | 한 치의 혀로 사람을 살린다

기업가의 그릇이 경영에 있어 가장 중요한 요소입니다. 기업가의 철학과 신념, 인격에 의해 그 기업의 생명과 진로, 규모가 결정되기 때문입니다. 그렇기에 경영자에게는 균형 잡힌 인격이 요구됩니다. "나보다 먼저 인류 사회의 발전과 종업원의 행복, 고객의 요구를 우선시하는 이타주의와 숭고한 마음자세가 오늘의 교세라를 만들었다."라고 이나모리 회장은 말합니다.

직업도, 일도 인격수양의 길이다

　어떤 직업, 어떤 일이라도 인격수양의 길이라 생각해야 한다. 또 고객이 있는 한 사업은 영원하기 때문에 눈앞의 이익에 연연하지 말고 고객을 위해 최선을 다하라. 상인의 검약은 자신의 축재를 위해서가 아니라 고객에게 좀 더 싼 값에 좋은 물건을 제공하기 위한 것이다.

– 이시다 바이칸

촌철활인 | 한 치의 혀로 사람을 살린다

　회사경영을 통해 얻은 제 1의 지혜는 마케팅이란 물건을 파는 것이 아니라, '수익성 있는 고객을 찾아내고 유지하고 키워 나가는 과학과 예술'이라는 필립 코틀러 교수의 가르침입니다.

　이익추구 대신 타인의 성공을 위해 무엇을 할 수 있을까를 고민하는 데서 진정한 성공이 시작됩니다.

신규 사업에서의 성공 원칙

이랜드는 많은 신규 사업에서 성공도 하고 실패도 했다. 거기서 하나의 공통된 원칙을 발견했다. 사업 성공이나 돈을 벌려는 목적이 우선한 경우 대부분 실패한 반면, 고객의 불편을 발견하고 이를 해소하기 위해 비즈니스가 시작된 경우에는 대부분 성공의 결과를 낳았다.

                     – 박성수(이랜드 회장)

촌철활인 | 한 치의 혀로 사람을 살린다

박성수 회장은 "고객은 누구나 고객을 돈벌이 대상으로 여겨 잇속을 챙기기보다, 진심으로 고객을 염려하고 도와주려는 사람을 좋아하고 자주 찾게 된다. 그런 면에서 모든 고객은 이기적이다."라고 말합니다. 그래서 사업을 하는 사람은 이타적 공급자가 되어야만 성공할 수 있다는 설명도 덧붙이고 있습니다.

신규 사업 진출 동기

나는 신사업에 뛰어들 때 진출 동기에 사심이 있는지 스스로 자문하는 과정을 거친다. '이 사업에 뛰어들고자 하는 것은 정말로 국민을 위해서인가? 회사나 자신의 이익을 꾀하고자 하는 사심이 섞여 있지는 않은가? 과시적 행동은 아닌가? 그 동기는 한 점 부끄러움 없는 순수한 것인가?'

– 이나모리 가즈오

촌철활인 | 한 치의 혀로 사람을 살린다

이나모리 회장은 무려 6개월 동안 자문한 후 전혀 사심이 없음을 믿고 신사업KDDI에 뛰어들었다고 고백하고 있습니다. 남을 먼저 생각하는 이타利他라는 덕은 곤란을 이겨내고 성공을 불러오는 강한 원동력입니다. 세상과 타인을 위해 일부러 손해를 보는 자세로 살아간다면 반드시 성공할 것이라 믿습니다.

사람들이 일하는 이유

사람들은 돈을 벌기 위해 일한다. 하지만 인생의 의미를 찾기 위해 더욱 열심히 일한다. 사실 그들은 즐기기 위해 일한다. 이 사실을 모르는 기업은 직원에게 뇌물을 준다. 하지만 머지않아 이들은 충성심과 헌신 부족이라는 혹독한 대가를 치러야 할 것이다.

– 제프리 페퍼, '급료에 대한 여섯 가지 위험한 생각' 중에서

촌철활인 | 한 치의 혀로 사람을 살린다

스탠퍼드대 교수 찰스 오릴리 3세 역시 아래와 같이 지적하고 있습니다. "경제학에는 사람들에게 일을 시키려면 돈을 많이 지불해야 한다는 암시적인 가정이 존재한다. 하지만 내 생각은 다르다. 사람들은 분명하게 보상과 인정을 받아야 열심히 일한다. 오직 돈만을 위해 일한다는 주장은 터무니없다."

생계가 아닌 명분을 위해 일한다

사람들은 단순한 생계가 아닌 명분을 위해 일한다. 사람들은 일에서 의미를 찾으며 회사의 사명과 직원들의 일에 대한 목적이 일직선을 이룰 때 그 의미를 찾을 수 있다. 봉급은 동기를 유발하기는커녕 오히려 의욕을 꺾을 때가 많다. 봉급만으로 동기를 유발하기 어렵다.

– 윌리엄 폴라드(서비스마스터 전 회장), '크리스천 경영의 달인'에서

촌철활인 | 한 치의 혀로 사람을 살린다

인간의 가치를 급여수준으로 제한할 수는 없습니다. 즉 아무리 큰 보상을 해도 그 사람의 가치에 미칠 수 없습니다. 핵심인재는 돈이 아닌 핵심가치에 의해 움직입니다. 앞으로 인류 사회는 점점 더 물질보다는 영혼, 정신, 사람, 도덕, 공공선, 꿈 등을 가치 있게 여기게 된다는 점에 주목해야 합니다.

일을 덜어주는 것을 좋아하지 않는다

사람들은 노동 강도가 심해진 것에 불평과 불만을 토로한다. 그렇게 불평하는 사람들의 52%가 자기 직업에 만족을 표시했다. 또한 객관적으로 노동 강도가 심한 직장에서 일하는 사람들의 65%가 자기 직업에 만족을 표시했다. 반면 일을 적게 하거나 노동 강도가 그다지 높지 않다고 느끼는 사람들 중에서는 자기 직업에 만족을 표시한 사람들이 불과 45%에 지나지 않았다.

– USA 투데이

촌철활인 | 한 치의 혀로 사람을 살린다

아마도 자신의 시간, 재능, 능력이 적절히 사용되지 않고 있다는 생각이 만족도를 낮춘 게 아닐까 싶습니다. 결국 일을 덜어 주는 게 아니라, 보람차고 가치 있는 일을 더 많이 할 수 있도록 하는 것이 올바로 동기부여 시키는 길이라 할 수 있습니다. 온전히 능력을 발휘해 내 몫 이상의 일을 하여 뿌듯하고, 스스로에게 대견함을 느낄 수 있을 때 삶의 가치를 느끼게 됩니다.

속도보다 중요한 것은 방향이다

속도보다 중요한 것은 방향입니다. 늦어서 실패하는 사람이 있고, 너무 빨라서 일을 망치는 사람도 있습니다. 속도에는 욕심이 있습니다. 가장 중요한 것은 방향입니다. 방향이 있는 삶, 목적이 이끄는 삶, 절제가 있는 삶에는 실패가 없습니다.

– 하용조(목사)

촌철활인 | 한 치의 혀로 사람을 살린다

속도의 중요성은 더 이상 강조할 필요가 없습니다. 그러나 지금까지와는 달리 추격자가 아닌, 선도자first mover 역할을 수행할 때는 빨리 가는 것 보다 더 중요한 것이 어느 방향으로 갈 것인가를 결정하는 것입니다. 방향은 목적의식과 통찰력에서 나오고 통찰력은 고민과 학습의 시간에 비례해서 조금씩 커집니다.

무엇이 올바른가를
의사결정 기준으로 삼아라

작고 사소한 일은 '이익'이라는 기준으로 옳고 그름을 가르면 된다. 다시 말해 이해득실을 따져 의사결정을 하면 된다는 것이다. 하지만 중요한 일은 단순한 이해득실로 의사결정을 해서는 안 된다. 크고 중요한 일은 이해관계를 떠나서 '무엇이 올바른가?'라는 기준으로 결정을 내려야 한다.

— 마쓰시타 고노스케, '위기를 기회로'에서

촌철활인 | 한 치의 혀로 사람을 살린다

마쓰시타 회장은 '무엇이 올바른가?'를 판정하기 위해서 '사회 정의에 부합하는지, 도덕에 반하지는 않는지, 업계를 위한 것인지' 따져보라고 조언합니다. 이렇게 해서 옳은 일이라는 판단이 서면 이 일 때문에 회사가 망해도 괜찮다는 생각을 가지고 추진하라고 말합니다. 작은 부자는 자신의 근면함이 만들고 큰 부자는 하늘이 내린다는 옛말의 참뜻을 생각하게 하는 말씀입니다.

행복한 성공을
꿈꾸자

무엇이 성공인가

자주 그리고 많이 웃는 것, 현명한 이에게 존경을 받고, 아이들에게서 사랑을 받는 것, 정직한 비평가의 찬사를 듣고 친구의 배반을 참아내는 것, 아름다움을 식별할 줄 알며 다른 사람에게서 최선의 것을 발견하는 것, 건강한 아이를 낳든, 한 뙈기의 정원을 가꾸든, 사회 환경을 개선하든 자기가 태어나기 전보다 세상을 조금이라도 살기 좋은 곳으로 만들어 놓고 떠나는 것, 자신이 한때 이곳에서 살았음으로 해서 단 한 사람의 인생이라도 행복해지는 것, 이것이 진정한 성공이다.

— 랠프 월도 에머슨(Ralph Waldo Emerson)

촌철활인 | 한 치의 혀로 사람을 살린다

누구나 성공을 꿈꿉니다. 그러나 진정한 성공은 출세, 막대한 부, 혹은 권력을 얻는 것과는 큰 관련이 없습니다. 사람은 태어날 때부터 이 세상으로부터 많은 도움을 받고, 또 이 세상을 위한 여러 가지 기여를 하게 됩니다. 내가 받는 것보다 남에게 주는 것이 크면 클수록 진정한 성공에 가깝다 할 수 있습니다.

누가 행복한 사람인가

성공이 행복의 열쇠가 아니라 행복이 성공의 열쇠다. 자신의 일을 진심으로 사랑하는 사람이라면 그는 이미 성공한 사람이다. 가장 행복한 사람으로 찬양받을 만한 사람은 가장 많은 사람을 행복하게 해준 사람이다.

– 알버트 슈바이처

촌철활인 | 한 치의 혀로 사람을 살린다

행복이란 다른 사람을 행복하게 해주려고 할 때 우리에게 생기는 것입니다. 행복한 사람은 다른 사람을 위해 어떻게 봉사할 것인가를 추구하고 찾아내는 사람입니다. 자신의 행복과 성공을 다른 이와 나눌 수 있을 때 행복을 누릴 자격을 얻게 됩니다.(알베르트 카뮈)

주는 것이 남는 것이다

일생을 바친 다음에 남는 것은 우리가 모은 것이 아니라 우리가 남에게 준 것이지. 재미있는 일이야. 악착스레 모은 돈이나 재산은 그 누구의 마음에도 남지 않지만 숨은 적선, 진실한 충고, 따뜻한 격려의 말 같은 것은 언제까지나 남게 되니 말이야.

– 미우라 아야코('빙점' 작가)

촌철활인 | 한 치의 혀로 사람을 살린다

관점의 차이가 결과의 차이를 가져옵니다. 당장의 욕구 충족보다는 장기적 관점에서 인생의 목적을 추구하는 삶, 나의 이익보다는 남의 이익을 먼저 챙겨주는 삶, 받기보다는 주는 데서 기쁨을 느끼는 삶이 진정한 성공과 행복에 이르는 길이라는 것을 역사는 가르쳐주고 있습니다.

한 손은 나를 위해
다른 한 손은 남을 돕는 데 사용하라

기억하라. 만약 도움을 주는 손이 필요하다면 너의 팔 끝에 있는 손을 이용하면 된다. 네가 더 나이가 들면 왜 손이 두 개인지 깨닫게 될 것이다. 한 손은 너 자신을 돕는 손이고 다른 한 손은 다른 사람을 돕는 손이다.

– 오드리 햅번, '사망 1년 전 아들에게 쓴 편지'에서

촌철활인 | 한 치의 혀로 사람을 살린다

자신을 절망에서 구해준 것이 다른 사람들의 사랑이었음을 깨달은 오드리 햅번은 말년에 다른 사람을 구하는 일에 앞장섭니다. 아들에게 보낸 편지 내용을 추가로 남깁니다. "아름다운 입술을 갖고 싶으면 친절한 말을 해라. 사랑스런 눈을 갖고 싶으면 사람들에게서 좋은 점을 보아라. 날씬한 몸을 갖고 싶으면 너의 음식을 배고픈 사람과 나누어라."

이타심이 이기심을 이긴다

경영 대학원을 나온 젊은이들 가운데 상당수는 "나는 서른 살이 되기 전까지 백만 달러를 모으고 싶다."라고 말한다. 이들은 "나는 열심히 능력을 발휘하고 일을 훌륭하게 완수해 기업 설립을 돕겠다."라고 말하는 법이 없다. 자신의 가치관에 이타적인 요소가 없는 사람은 결국 실패를 맛보게 된다.

— J. 어윈 밀러, 미하이 칙센트미하이 저 '몰입의 경영'에서

촌철활인 | 한 치의 혀로 사람을 살린다

이기적인 사람은 다른 사람들의 협력과 응원을 얻을 수 없습니다. 응원과 협조 없이 이뤄진 성공은 오래갈 수 없습니다. 반면 이타적인 사람들은 다른 사람들의 따듯한 협조 속에 모두가 함께 기뻐하는 승리를 쟁취할 수 있습니다. 결국 큰 욕심을 가진 사람은 이타심이 큰 사람일 수밖에 없습니다.

하늘나라 수학 공식

가진 것 하나를 열로 나누면 우리가 가진 것이 십 분의 일로 줄어드는 속세의 수학과는 달리 가진 것 하나를 열로 나누었기에 그것이 '천'이나 '만'으로 부푼다는 하늘나라의 참된 수학, 끊임없는 나눔만이 행복의 원천이 될 수 있다는 행복 정석을 그들과의 만남을 통해서 배우게 된다.

– 이태석(신부), '친구가 되어 주실래요?'에서

'울지마 톤즈'로 세상을 울린 故 이태석 신부님 글입니다. 이태석 신부는 부족한 것들 때문에 불편한 점도 있지만 부족한 것들 덕분에 깨달음도 많이 얻는다고 말했습니다. 무엇보다도 작은 것들에 대해 감사하는 마음을 덤으로 얻게 되어 기쁨이 크다고 말합니다.

인생의 목적은 성장하고 나누는 것이다

인생의 목적은 이기는 것이 아니다. 인생의 목적은 성장하고 나누는 것이다. 인생에서 해온 모든 일들을 되돌아볼 때, 당신은 다른 사람들보다 잘하고 그들을 이긴 순간보다 그들의 삶에 기쁨을 준 순간을 회상하며 더 큰 만족을 얻게 될 것이다.

– 해롤드 쿠시너(Harold Kushner)

촌철활인 | 한 치의 혀로 사람을 살린다

육체적 성장만을 한 사람의 성장과 동일시하고, 성인은 곧 성장을 멈춘 사람으로 이해하는 경향이 있습니다. 그러나 우리가 여전히 꿈과 희망을 가지고 있고, 일상의 경험과 평생학습을 통해 배우려는 의지와 노력이 있다면, 그리고 매사에 호기심과 흥미를 잃지 않는다면 우리는(생체 나이와 관계없이) 성인기에 오히려 더 크게 성장할 수 있습니다.

더 많이 내줄수록
더 많은 것이 주어진다

우리가 우주로부터 더 많이 요구할수록 해주어야 할 것도 많아진다. 더 많은 것을 내어줄수록 우리에게 더 많은 것이 주어진다. 끝도 없이 필요한 것을 생각할수록 탐욕의 에너지를 더 많이 끌어당긴다. 그러나 우주는 생각을 끝없이 생성할 때는 우리에게 돌아오는 에너지를 끌어당긴다.

– 웨인 다이어, '세상에 마음 주지 마라'에서

촌철활인 | 한 치의 혀로 사람을 살린다

'대얏물의 원리'라는 게 있습니다. 대야에 들어있는 물은 자기 쪽으로 끌어당기면 오히려 반대 방향으로 흘러가 버리고, 반대 쪽으로 밀어내려고 하면 오히려 자기 쪽으로 흘러오게 됩니다. 내가 얻는 것보다 남에게 주는 것을 먼저 생각할 때 더 많은 것을 성취할 수 있습니다.

다른 사람을 위해
한 일 때문에 기억된다

당신은 인생에서 원하는 것을 무엇이든 얻을 수 있다. 다른 사람들이 원하는 것을 얻도록 돕기만 한다면 말이다.

– 지그 지글러

촌철활인 | 한 치의 혀로 사람을 살린다

리더십 분야의 대가 제임스 쿠제스는 "사람들이 리더를 기억하는 것은 그가 그 자신을 위해 한 일 때문이 아니라 다른 사람들을 위해 한 일 때문"이라고 했습니다. 내가 남에게 주는 것을 행복하게 여길수록 더 많은 사람들이 내 주위에 있는 것을 좋아하게 됩니다.

받는 것보다
주는 것이 더 행복하다

받는 것보다 주는 것이 행복하다는 것은 곧 진리이다. 힘이 닿는 데까지 최대한 남을 도와주었다고 느끼는 사람은 실로 행복한 사람이다. 덕은 외롭지 않다. 덕을 베풀면 반드시 결과가 있다. 친절을 베푸는 행위는 절대로 헛되지 않는 법이다.

— 앤드류 카네기, '카네기 자서전'에서

촌철활인 | 한 치의 혀로 사람을 살린다

우리가 받는 따뜻함과 애정보다 더 중요한 것은 우리가 주는 따뜻함과 애정입니다. 사랑하는 것이 사랑받는 것보다 훨씬 더 중요합니다. 따뜻한 마음, 즉 자비는 두려움을 줄이고 자신감을 불러일으키며 내면의 힘을 가져다줍니다. 또한 삶의 목적과 의미를 느끼게 해 행복을 가져옵니다. (달라이 라마)

남을 돕고자 하는 마음이
성공의 관건이다

성공의 관건은 타인을 돕고자 하는 욕구이다. 당신이 대의에 따르는 일을 하면 도움은 저절로 찾아온다. 반면에 자기 자신만을 위한 일에 종사한다면 이러한 도움이나 만족감 또는 보상을 맛볼 수 없다. 인류를 위해 봉사할 수 있다면, 모든 일이 순조롭게 진행될 것이다.

– 세릴 리치(공룡 바니 제작자)

촌철활인 | 한 치의 혀로 사람을 살린다

생각을 바꾸면 불가능한 일도 가능해집니다. 반면에 생각을 바꾸지 못하면 늘 그 자리에 머물게 됩니다. '나의 이익을 우선 시하기보다, 남의 성공과 욕구를 위해 우선적으로 봉사한다.'로 생각을 바꾼다면 모두 다 성공의 기쁨을 맛보게 될 것입니다.

성공을 측정하는 방법을 바꾸어라

성공을 측정하는 방법을 바꾸어라. 자신의 이력서를 얼마나 휘황찬란하게 만들었느냐가 아니라 타인에게 어떤 영향을 미쳤는지, 주위 사람들의 삶을 변화시키도록 만들었는지를 기준으로 삼아라.

— 토머스 J. 드롱(하버드대 교수), '하버드 졸업생은 마지막 수업에서 만들어진다'에서

촌철활인 | 한 치의 혀로 사람을 살린다.

자기 이력을 화려하게 만들어가는 것이 성공의 길을 걷는 것이라 믿는 사람들이 많습니다. 그러나 진정한 성공은 다른 사람들을 얼마나 많이 성공시키느냐에 있다는 것을 깨닫고 다른 사람들의 성공을 지원하는 것을 업과 사명으로 삼아 실천하는 데 있습니다.

돈은 현악기와 같다

돈은 현악기와 같다. 이것을 적절히 사용할 줄 모르는 사람은 불협화음을 듣게 된다. 돈은 사랑과 같다. 이것을 잘 베풀려 하지 않는 이들은 아주 천천히 그리고 고통스럽게 죽어간다. 그러나 베푸는 이들에게는 생명을 준다.

– 칼린 지브란

촌철활인 | 한 치의 혀로 사람을 살린다

'꿈 미래 희망' 재단 김윤종 회장은 "처음에는 버는 것이 내 돈이지만 나중에는 쓰는 돈이 내 돈이다."라고 말합니다. 돈은 인생의 친구 같은 존재지만 적이 될 수도 있습니다. 돈은 에너지가 될 수 있지만 목적이 될 수는 없습니다. 행복, 사랑, 진정한 성공을 돈과 맞바꿀 수 없기 때문입니다. 돈에 대한 나만의 정의, 빨리 내릴수록 가치 있는 인생을 살 가능성이 커집니다.

큰 그릇은 손해를 크게 볼 줄 안다

"그 사람은 그릇이 크다."는 말들을 한다. 큰 그릇은 손해를 크게 볼 줄 안다. 손해를 받아들일 줄 알면 다른 사람에게 감사와 신뢰를 받고 존경받는다. 그릇이 큰 사람은 이익을 보는 사람, 성공하는 사람이다.

– 소메야 가즈미, '당당하고 귀신같은 부하가 살아남는다'에서

촌철활인 | 한 치의 허로 사람을 살린다

그릇이 큰 사람은 직원에게 더 많이 줍니다. 그릇이 큰 사람은 고객에게 더 많이 줍니다. 그릇이 큰 사람과 기업은 사회에 더 많은 것을 돌려줍니다. 아이러니하게도 많이 줄수록 주는 것보다 더 많이 돌려받아 더 큰 성공을 거두게 됩니다.

세상의 모든 행복은
남을 위한 마음에서 온다

세상의 모든 행복은 남을 위한 마음에서 오고, 세상의 모든 불행은 이기심에서 온다. 하지만 이런 말이 무슨 소용이 있는가? 어리석은 사람은 여전히 자기 이익에만 매달리고, 지혜로운 사람은 남의 이익에 헌신한다. 그대 스스로 그 차이를 보라.

– 산티데바래(인도 스님)

촌철활인 | 한 치의 혀로 사람을 살린다

번뇌, 다툼, 갈등은 모두 나를 먼저 생각하는 데서 생겨납니다. 남을 먼저 생각하면 번뇌, 다툼, 갈등이 눈 녹듯 사라집니다. 남을 먼저 생각할 때 역설적으로 더 많이 받게 되고, 행복도 더 커집니다. 삶에 있어서 가장 중요한 질문은 "다른 사람을 위해 무엇을 하고 있습니까?"라는 질문입니다. (마틴 루터 킹)

헌신할 때,
부산물로 따라오는 것이 성공이다

성공은 행복과 마찬가지로 억지로 되는 일이 아니다. 성공은 우리 자신보다 더 큰 대의에 헌신할 때, 우리 자신이 아닌 다른 사람을 위해 희생할 때, 뜻밖의 부산물로 따라오는 것이다.

— 빅터 프랭클, '인간이란 무엇인가'에서

촌철활인 | 한 치의 혀로 사람을 살린다

억지로 성공을 추구한다고 성공이 따라오는 것이 아닙니다. 억지로 행복을 추구한다고 행복이 찾아오지 않습니다. 남을 위해, 사회의 발전을 위해 나에게 주어진 소명을 충실히 다해나간다면 자연스럽게 따라오는 것이 행복이요, 성공입니다.

프로와 아마추어의 차이

꾼은 사람을 벌고 아마추어는 돈을 번다. 꾼은 사람을 벌기 위해 주는 것을 마다하지 않지만 아마추어는 주는 것을 손해라고 생각한다. "가진 것 중에서 가장 좋은 것을 주어라." 했던 데레사 수녀의 말을 실천하기 어렵다면, "주는 것이 곧 이기는 것이다."라는 세스 고딘의 말이라도 기억해둘 필요가 있다.

— 정우현(미스터피자 회장), '나는 꾼이다'에서

촌철활인 | 한 치의 혀로 사람을 살린다

"장사는 이문을 남기는 것이 아니라 사람을 남기는 것이다."라는 거상 임상옥의 말을 떠올려봅니다. "먼저 의리, 신뢰를 쌓으면 나중에 이익으로 돌아온다."라는 동양의 전통사상, 선의후리先義後利와도 일맥상통합니다.

성공하는 사람에게
필요한 네 가지 사랑

성공하는 사람들은 다음 네 가지 사랑을 실천하는 사람들이다. 첫째는 사람을 사랑해야 하고, 둘째는 가정을 사랑해야 한다. 셋째는 나라와 이웃을 사랑해야 하며 마지막으로 일을 사랑해야 한다.

– 윌리엄 월터(호텔 홀리데이인 회장)

촌철활인 | 한 치의 혀로 사람을 살린다

성공하는 사람들은 또한 '나'를 진심으로 사랑하는 사람들입니다. 자신을 진정으로 사랑할 줄 아는 사람들만이 가족과 이웃, 나라에 대한 사랑을 실천할 수 있습니다.

가정과 일 사이의 적절한 균형을 취하는 것이 중요한 화두가 되고 있습니다. 진정으로 일을 사랑할 줄 아는 사람들이 가정과 일의 균형도 제대로 맞출 수 있습니다.

나눌수록 더 커지는 기적 만들기

꿈, 믿음, 희망, 사랑, 다 나눌수록 더 커지는 기적의 씨앗들입니다. 꿈은 꿈을 부르고 믿음은 믿음을 더하고, 희망은 희망을 낳으며, 사랑은 허물을 덮습니다.

– 조정민, '사람이 선물이다'에서

촌철활인 | 한 치의 혀로 사람을 살린다

수많은 좋은 것들은 나눌수록 더 커지고, 나누는 데 큰 비용이 들지도 않습니다. 내가 먼저 꿈꾸고, 내가 먼저 믿어주고, 내가 먼저 사랑하고, 먼저 나눔으로써 '나눌수록 더 커지는 기적'을 모두 함께 만들어 갈 수 있기를 희망합니다.

많이 베풀수록
많은 축복이 찾아오는 법이다

무언가가 부족하거나 필요하다고 느낄 때마다 먼저 원하는 것을 주어라. 그러면 그것이 푸짐하게 돌아올 것이다. 이것은 돈과 미소, 사랑 그리고 우정에 대해서도 같다. 많이 베풀수록 많은 축복이 찾아오는 법이다.

— 로버트 기요사키('부자 아빠 가난한 아빠' 저자)

촌철활인 | 한 치의 혀로 사람을 살린다

찰스 다윈의 '종의 기원'에는 의미심장한 대목이 등장합니다. "힘세고 포악한 종자는 멸망하고 착하고 배려하는 종자는 생존한다."라는 내용이 바로 그것입니다. 먼저 베풀고, 많이 베풀고, 또 베푸는 사람이 결국 더 많은 것을 얻게 됩니다.

한 사람의 가치

한 인간의 가치는 그가 무엇을 받을 수 있느냐가 아니라 무엇을 줄 수 있느냐로 판단된다. 사람이 그 사회에서 얼마나 가치 있는가는 그 사람의 감정과 사고와 행동이 타인에게 어느 정도 도움이 되는가에 달려있다.

– 앨버트 아인슈타인

촌철활인 | 한 치의 혀로 사람을 살린다

아인슈타인은 "나는 하루에 100번씩 스스로에게 되뇐다. 나의 정신적, 물질적 생활은 타인의 노동 위에서 이루어졌다."라고 말합니다. 우리는 다른 사람들의 행동으로 말미암아 이 세상에 나왔고, 다른 사람들을 의지하며 살아가고, 다른 사람의 이점을 받지 않고 살아가는 때는 한순간도 없으므로 우리의 행복은 타인과의 관계에서 나올 수밖에 없습니다.(달라이 라마)

행복과 성공의 조건

268명의 미국 하버드대 졸업생, 456명의 보스턴 도심 청소년, IQ 135 이상인 682명의 캘리포니아 여성들의 수십 년간 인생을 추적 조사한 결과, 일에서 성공을 이룬 사람들은 자기가 가진 것을 남에게 나눠주고(give the self away) 보살펴주는(care) 삶에서 진짜 행복을 느끼는 것으로 조사되었다.

– 조지 밸런트(하버드대 의대 교수), '잘 늙기(Aging well)'에서

촌철활인 | 한 치의 혀로 사람을 살린다

"성공이 행복의 열쇠가 아니라 행복이 성공의 열쇠다. 자신의 일을 진심으로 사랑하는 사람이라면 그는 이미 성공한 사람이다. 가장 행복한 사람으로 찬양받을 만한 사람은 가장 많은 사람을 행복하게 해준 사람이다." 알버트 슈바이처의 말을 다시 새겨 봅니다.

베푸는 데에서 진정한 행복이 온다

우리가 받는 따뜻함과 애정보다 훨씬 중요한 것은 우리가 주는 따뜻함과 애정이다. 사랑하는 것이 사랑받는 것보다 훨씬 중요하다. 진정한 행복을 얻게 되는 것은 따뜻함과 애정을 주는 것을 통해서 다른 사람에 대한 진심 어린 배려, 즉 자비심을 통해서이다.

– 달라이 라마, '달라이 라마의 종교를 넘어'에서

촌철활인 | 한 치의 혀로 사람을 살린다

다른 사람에게 혜택을 주는 것에 성공하든 그렇지 않든 자비의 혜택을 첫 번째로 받는 사람은 언제나 자기 자신입니다. 주는 행위의 위대한 점은 그것이 받는 사람에게 이익을 줄 뿐 아니라 주는 사람에게도 엄청난 이익을 가져다준다는 점에 있습니다.

의미 있는 성공을 꿈꾸자

언젠가 우리는 모두 생활(수준)의 기준이 아니라 삶의 기준으로, 부(가진 것)의 척도가 아니라 나눔의 척도로, 표면적인 위대함이 아니라 내면적인 선함으로 평가될 것이다.

— 윌리엄 아서 워드

촌철활인 | 한 치의 혀로 사람을 살린다

성공적인 인생을 위해서는 꿈과 비전, 열정과 긍정적 사고, 인간관계, 평생학습과 리더십 그리고 꾸준한 실천이 필요하다는 결론을 내렸습니다. 그러나 인생 자체의 의미와 가치를 찾는 것이 무엇보다 선행되어야 합니다. 이것이 성공의 기초입니다.

우리에게 최고의
행복을 안겨주는 것은

행복은 어떠한 상태가 아니라 진행하는 한 방향이다. 그리고 우리에게 최고의 행복을 안겨주는 것은 자기 자신에 대한 봉사가 아니라 다른 사람을 향한 봉사이다. 우리들은 남을 위해 살 때만 자신을 위해 사는 것이다.

– 톨스토이

촌철활인 | 한 치의 혀로 사람을 살린다

"남의 행복을 위해 자신의 이익과 욕심을 버리고 일하는 것 이상의 행복은 없습니다. 그런 일은 영원한 행복을 위해 일하는 것과 같습니다. 자신을 위해 애쓰는 것과 마찬가지로 사회의 이익을 위하여 애쓸 때 사람들은 평화와 행복을 얻을 것입니다."(루시 말로리)

행복해지는 방법

행복 추구가 나의 유일한 목표다. 행복해질 수 있는 장소는 바로 여기이다. 행복해질 수 있는 시간은 바로 지금이다. 행복해지는 방법은 남을 행복하게 하는 것이다.

– 잉거솔

촌철활인 | 한 치의 혀로 사람을 살린다

조로아스터는 "남에게 선행을 하는 것은 의무가 아니라 기쁨이며, 그것이 그렇게 하는 사람의 건강과 행복을 증진시킨다."라고 말했습니다. 물질도 행복의 변수입니다. 그러나 행복의 조건을 열거하고 그것만을 좇다 보면 평생 불행한 상태로 생을 마감할 수도 있을 것입니다. 결국 진정한 행복은 물질이 아닌 마음속에 있으며, 나보다 남을 위한 삶에서 찾을 수 있습니다.

주는 것이 받는 것보다 더 즐겁다

부자는 많이 '갖고' 있는 사람이 아니라 많이 '주는' 사람이다. 주는 것은 잠재적 능력의 최고의 표현이다. 준다고 하는 행위 자체에서 나는 나의 힘, 나의 부(富), 나의 능력을 경험한다. 고양된 생명력과 잠재력을 경험하고 나는 매우 큰 환희를 느낀다. 주는 것은 박탈당하는 것이 아니라 준다고 하는 행위에는 나의 활동성이 포함되어 있기 때문에, 주는 것은 받는 것보다 더 즐겁다.

– 에리히 프롬, '사랑의 기술'에서

촌철활인 | 한 치의 혀로 사람을 살린다

베푸는 것의 기쁨과 중요성을 강조한 명언을 함께 감상해 보세요.

"우리의 인생 뒤에 남는 것은 우리가 모은 것이 아니라 우리가 준 것이다."(제라르 헨드리)

"인간의 가치는 얼마나 사랑받았느냐가 아니라 얼마나 사랑을 베풀었느냐에 달려있다."(에픽테토스)

사랑이 있을 때 행복도 있다

죽을 때 당신이 저축해 놓은 돈을 가져갈 수가 없다. 그러나 다른 사람에게 나누어 줄 때는 가져갈 수가 있다. 음식은 쌓아만 놓을 때 그것을 가져갈 수 없지만 다른 사람들과 나누어 먹을 때는 그렇지 않다. 다른 사람을 위해 당신의 것을 나누어 주는 것은 곧 당신 자신이 가져가는 것이다. 왜냐하면 상대방은 당신을 언제까지나 기억하게 되기 때문이다.

– 챨스 L. 휴저

촌철활인 | 한 치의 혀로 사람을 살린다

유사한 중국 속담이 있어 함께 보내드립니다. "한 시간 동안 행복하고 싶다면, 낮잠을 자라. 하루 동안 행복하고 싶다면, 낚시를 가라. 일 년 동안 행복하고 싶다면, 유산을 물려받아라. 평생을 행복하고 싶다면, 다른 사람들을 도와라."

많이 주는 자가 부자이다

준다는 것은 부자임을 의미한다. 갖고 있는 자가 부자가 아니다. 많이 주는 자가 부자이다. 하나라도 잃어버릴까 안달하는 사람은 심리학적으로 말하면 아무리 많이 갖고 있더라도 가난한 사람, 가난해진 사람이다. 자기 자신을 줄 수 있는 사람은 누구든지 부자이다.

– 에리히 프롬, '사랑의 기술'에서

촌철활인 | 한 치의 혀로 사람을 살린다

주는 것은 받는 것보다 더 즐겁습니다. 받기 위해 주는 것이 아니라 주는 것 자체가 절묘한 기쁨입니다. 그러나 참으로 줄 때 그에게로 되돌려지는 것을 받지 않을 수 없습니다.('사랑의 기술'에서)

명성과 위대함의 차이

과연 사람들이 생각하는 위대함이란 무엇일까? 나는 명성은 삶에서 '얻는 것'을 바탕으로 하고, 진정한 위대함은 살면서 '주는 것'을 바탕으로 한다고 생각한다. 위대함이란, 행동을 통한 '기여'를 의미한다.

– 'CEO도 반하는 평사원 리더'에서

촌철활인 | 한 치의 혀로 사람을 살린다

일찍이 캘빈 쿨리지도 "누구든 그가 받은 것으로는 존경받지 못한다. 존경심은 그가 준 것에 대한 보상이다."라고 베풂의 중요성을 갈파했습니다. 이러한 평범한 이치를 실생활에서 실천하며 살아간다면 위대함은 물론 명성도 함께 주어지리라 믿습니다.

부귀(富貴)라는 두 글자

부귀(富貴)라는 두 글자는 따로따로 표기해야 한다. 돈이 많아도 귀하지 않은 사람들이 많다. 진정한 부귀는 자기가 벌어들인 금전을 사회를 위해 사용하려는 참된 '속마음'에 있다.

– 리자청(홍콩 창장그룹 회장)

촌철활인 | 한 치의 혀로 사람을 살린다

리자청 회장은 "성공을 위해 수단과 방법을 가리지 말아야 한다는 말에 절대 동의하지 않는다."고 힘주어 말합니다.

명리학에서는 큰 부자가 되는 사람을 두 가지 유형으로 나눈다고 합니다. 하나는 근검절약하는 사람, 두 번째는 세상에 베풀어서 부자가 되는 사람입니다.

봉사는 이기심의 발로이다

봉사는 이기적 행위다. 인생에 있어 가장 행복할 때는 봉사할 때이다. 따라서 봉사라는 것은 자기의 행복을 추구하는 최선의 행위인 것이다. 상부상조 하는 것이 이 세상의 원리이다. 이웃과 친구에게 봉사하면 바로 되돌려 받는다. 특히 정신적 베품, 말 한마디라도 따뜻하게 해주는 말보시가 가져오는 행복은 이루 말할 수 없이 크다.

– 김경섭(한국리더십센터 대표)

촌철활인 | 한 치의 혀로 사람을 살린다

진정으로 나의 이익을 추구하는 사람이라면 먼저 이타적 관점에서 타인의 이익을 챙겨주어야 합니다. 남을 위해 베푸는 것 자체가 자신의 행복이 되고, 많이 베풀수록 더 많이 되돌아오기 때문입니다. 성공을 위해선 먼저 베풀어야 합니다. 다른 사람을 가장 많이 도운 사람이 가장 먼저 성공하게 됩니다.

성공하고 싶다면 봉사하라

성공하고 싶다면 봉사하라. 그것이야말로 우리 인생에 있어 불변의 법칙이다. 위대한 봉사자, 베푸는 자가 되어라. 그것이 바로 당신을 성공으로 이끄는 왕도이다.

– 헨리 밀러

마크 피셔는 자신의 책 '스피릿'에서 다음과 같이 말합니다. "선하면 가난해진다는 생각은 위험한 착각이다. 진정한 부자는 다른 사람들보다 더 많이 베푸는 사람이며, 바로 그 때문에 그는 다른 사람들보다 더 많이 받는 것이다." 착한 사람이 부자가 되고, 착한 기업이 성공하는 그런 세상이 도래하고 있습니다.

천하를 다투는 사람은
먼저 사람 얻기를 다툰다

안전한 길도 위험한 사람과 함께 가면 위험하고, 위험한 길도 믿을 수 있는 사람과 함께 가면 안전합니다. 안전하고 위험한 건 언제나 길보다 사람입니다.

– 조정민, '사람이 선물이다'에서

촌철활인 | 한 치의 혀로 사람을 살린다

관자管子에는 "천하를 다투는 사람은 반드시 먼저 사람 얻기를 다툰다.爭天下者 必先爭人 큰 흐름에 밝은 이는 사람을 얻고, 작은 계책을 살피는 이는 사람을 잃는다."라는 가르침이 있습니다. 정관정요에서는 "정치의 요체는 오로지 인재를 얻는 데에 있다."라고 했습니다. 이렇게 중요한 사람 얻기를 위해 얼마나 투자를 하고 있는지 조용히 생각해 봅니다.

사랑에서 출발하라

고객에 대한 애정이 고객만족을 이끌어냄은 당연한 이치이다. 사람들은 사랑하는 사람에게 선물할 때 그의 입장이 되어 상대가 감동할 수 있는 것이 무엇인가 찾아낸다. 자신과 생각이 다르더라도 사랑하는 사람을 이해하려고 애쓴다. 그 사람으로부터 관심을 끌기 위한 갖가지 방법을 짜내기도 한다. 그 사람이 원하는 것이 무엇인지 열심히 연구하고 그 사람을 만족시킬 수 있는 방법을 찾아내고야 만다. 디자인도 마찬가지다. 자신이 디자인할 상품의 소비자를 누구보다 사랑해야 그 소비자를 감동시킬 수 있다.

— 김영세(이노디자인 사장), '이노베이터'에서

고객의 삶을 풍요롭게 해주는 신기술의 원리와 소비자의 마음을 움직이는 마케팅의 원리는 결국 사람을 사랑하는 따뜻한 마음에서 출발합니다. 헌신적으로 다른 사람의 성장을 돕는 것이 사랑입니다. 고객과 직원, 그리고 내가 속한 공동체를 진정으로 사랑하는 마음이 모든 이의 마음속 깊이 자리 잡는다면 이 세상은 분명 살기 좋은 곳으로 변할 것입니다.

나보다 남을 먼저 생각해라

역설적이지만 부자가 되기 위해서 빼놓을 수 없는 덕목은 자기 자신이 부자가 되려는 것이 아니라 주변 사람들과 나에게 협력해 주는 사람들을 어떻게 하면 부자로 만들 수 있을까를 생각하는 것이다. 이것이 기업가로서 부호(富豪)가 되는 왕도다.

– 일본 동양경제신보

촌철활인 | 한 치의 혀로 사람을 살린다

중국 유학자 순자의 '영욕' 편에 등장하는 선의후리先義後利, 즉 선의후리자영(先義而後利者榮, 의를 먼저 행하고 이익을 좇는 자는 번영한다)이라는 말과 같은 맥락입니다. 무슨 일이 있어도 이익보다는 신용이 먼저라는 사람들이 많아져야 세상은 보다 살기 좋은 곳으로 바뀝니다.

돈이 먼저가 아니다

우리의 북극성은 돈이 아니다. 이윤은 우리가 날기 위해 필요한 연료일 뿐. 개인도 회사도 돈이 목표가 되면 행복해질 수 없다. 고객을 만족시키면 이익은 절로 따라온다. 고객을 나눔과 베풂의 수혜자로 여기면 당연지사 기업도 잘될 것이다. 기업이 더 큰 성공을 원한다면 그것을 원하는 만큼 고객의 성공을 도와주어야 한다.

– 신창재(교보생명 회장)

촌철활인 | 한 치의 혀로 사람을 살린다

격동기는 기업간 순위에 급격한 변동을 가져옵니다. 경기침체 상황이 지속되면서 기업 간 우열이 서서히 드러나고 있습니다. 격동기에 위대한 기업들로 발돋움하는 기업들은 제아무리 어려워도 이타적 경영이념, 인간존중 문화, 원칙과 정도 추구, 고객 중시와 같은 경영의 기본을 꿋꿋하게 지켜나간다는 공통점을 가지고 있습니다. 사람도 마찬가지입니다.

대탐소실(大貪小失)의 지혜

상대방을 이롭게 해주지 아니하고 자기만을 이롭게 하는 것은 상대방을 먼저 이롭게 해준 후에 자기를 이롭게 하는 것만큼 이롭지는 못하다.

– 순자

촌철활인 | 한 치의 혀로 사람을 살린다

진정한 욕심쟁이는 당장의 손해는 언제든 감수할 수 있는 그런 자세를 가지고 살아갑니다. 손정의 소프트뱅크 회장은 "상대에게 이익을 주면 상대는 나를 친구로 받아들인다. 그 후의 이야기는 순풍에 돛을 단 듯 진행되기 마련이다. 그게 나의 이익이다."라고 먼저 주는 미덕을 강조하고 있습니다. 먼저주고, 멀리 보는 자세가 대탐소실大貪小失의 지혜입니다.

나눌수록 풍요로워진다

우리는 모두 두 가지 종류의 재정 보고서를 가지고 있다. 하나는 개인적인 재정 보고서이다. 이 보고서는 우리의 개인적인 자산과 채무, 즉 얼마나 많이 벌었고, 얼마나 많이 쓰며 얼마나 많이 소유하고 있는지를 보여준다. 두 번째는 사회적 회계 보고서로 우리가 이 세상에서 얼마나 좋은 일을 많이 했는지, 즉 얼마나 많은 사람들과 많은 곳에서 일을 도왔는지를 보여준다.

– 로버트 기요사키, '부자 오빠, 부자 동생'에서

촌철활인 | 한 치의 혀로 사람을 살린다

개인적 재정 보고서와 사회적 재정 보고서가 균형을 이룰 때 진정 가치 있는 삶을 살았다 할 수 있습니다. 내 재능을 오직 내 개인적인 이익과 획득을 위해서만 사용한다면, 두 번째 재정 보고서 상의 수익은 극히 제한됩니다. 내가 가진 재능을 되도록 많은 사람들을 돕는 데 사용할수록 사회적 회계 보고서가 풍요로워집니다.

카트라이더 대박신화의 비밀

게임 개발할 때 뭘 만들어야 할지 보다는 돈을 벌어야겠다는 생각부터 한 적이 있다. 그러나 돈을 벌겠다는 게 목표가 되면 이상하게 돈을 벌 수가 없었다. 오히려 많은 사람들에게 즐거움을 줘야겠다는 생각을 하고 어떻게 하면 즐거움을 줄까만 고민했더니 대박이 터졌다.

— 정영석(넥슨 카트라이더 개발실장), '대한민국 Only 1 신시장의 개척자들'에서

촌철활인 | 한 치의 혀로 사람을 살린다

정 실장은 처음 게임을 개발할 때 배고픔을 많이 느껴 돈 버는 것에 주안점을 두었다고 합니다. 그러나 그가 궁극적으로 깨달은 것은 "돈이 목표가 아니라 얼마나 많은 사람에게 즐거움을 줄 수 있느냐가 목표가 돼야 한다는 사실"이라 합니다.

돈은 뒤로, 일은 앞으로

나는 지금껏 앞만 보고 열심히 살아왔다. 그건 다른 경영자들도 마찬가지일 거다. 그런데 원칙이 하나 있다. '돈은 뒤로, 일은 앞으로'이다. 즉 돈을 벌기 위해 일을 하는 게 아니라 무수한 아이디어를 내고 성취하는 기쁨에 취해 일을 해왔더니 돈이 뒤에서 따라오더라.

— 박순호(세정그룹 회장)

촌철활인 | 한 치의 혀로 사람을 살린다

운에 의해 일시적으로 성공을 맛보는 기업이 아닌, 진정으로 성공하는 기업들은 남을 이롭게 함으로써 내가 이롭게 된다는 자리이타自利利他이념, 늘 먼저 고객입장에서 생각하는 자세, 사람을 돈보다 중요하게 생각하는 철학, 돈 벌기보다는 즐겁게 일하는 것을 우선순위에 두는 공통점을 가지고 있습니다. 사람도 마찬가지입니다.

남의 성공을 도우면
나의 성공이 따라온다

성공은 내가 주변 사람들을 얼마나 밟고 올라섰느냐에 좌우되는 것이 아니다. 오히려 주변 사람들을 얼마나 끌어올려주느냐에 달려있는 것이다. 그렇게 하는 과정 속에서 사람들은 나를 끌어올려주고 나도 그렇게 해주었다.

— 조지 루카스(영화 스타워즈 감독)

촌철활인 | 한 치의 혀로 사람을 살린다

일찍이 철강왕 앤드류 카네기는 "타인을 부자로 만들지 않고서는 아무도 부자가 될 수 없다."라고 말했습니다. 한편 플라톤은 "남을 행복하게 해줄 수 있는 사람만이 행복을 얻을 수 있다."라고 갈파했습니다. 먼저 타인의 행복과 성공을 도우면 자연스럽게 나의 행복과 성공이 따라옵니다.

성공은 결과가 아닌 과정

나는 성공을 계속 노력하는 것이라고 표현한다. 어떤 목표에 도달하고 나면 또 다른 목표를 향해 가야 한다. 하나의 목표를 달성했다고 해서 거기서 가만히 있으면 행복한 마음도 곧 사라져 버린다. 그런 점에서 성공은 결과물이 아니라 과정이다.

– 김종훈(벨 연구소 소장)

촌철활인 | 한 치의 혀로 사람을 살린다

유리 시스템스를 창업, 루슨트 테크놀리지에 매각 후 6,000억 원대의 부자가 된 다음에 김소장이 한 말입니다. 성공하면 진짜 행복해질까? 아니, 성공의 의미는 무엇일까? 성공을 꿈꾸는 모든 이에게 던져보고 싶은 화두입니다. 성공은 일순간의 대박을 뜻하는 것이 아니며, 재물이나 입신양명에 관계없이 자신에게 주어진 소명과 사명을 달성하기 위해 평생에 걸쳐 꾸준히 노력하는 과정이라는 데에 한 표를 던집니다.

어느 노벨상 수상자의 소감

노벨상 수상 발표를 듣고 난 다음 기자들이 찾아와 수상 소감을 한마디 해달라는 요청에 대해 그는 다음과 같이 간단히 말했다. "나에게는 노벨상이 장례식 행 티켓이다. 지금까지 그 상을 받은 어느 누구도 아무것도 할 수 없었다."

— T. S. 엘리엇

촌철활인 | 한 치의 혀로 사람을 살린다

'4월은 잔인한 달'로 유명한 영국시인 T. S. 엘리엇 이야기입니다. 우리는 외적보상이 주어졌을 때 쉽게 무너지는 사람들을 자주 보게 됩니다. 미하이 칙센트미하이에 의하면 창의적인 사람들은 돈이나 명예가 아니라 단지 좋아서 일을 할 따름이라고 합니다. 이것이 바로 내적동기입니다. 내적동기가 충만한 활동에서 아이디어와 성과가 나올 가능성이 높다고 합니다.

조영탁의 행복한 경영이야기

꿈·비전 편

성공의 시발점, 꿈

목표를 설정할 때 마술은 시작된다

꿈이란 무엇인가?

목표를 설정할 때
마술은 시작된다

목표를 설정할 때 마술은 시작된다

목표의 목적은 주의를 집중하는 것이다. 인간의 의식은 분명한 목적을 갖기 전에는 목표 달성을 향해 움직이지 않는다. 목표를 설정할 때 마술은 시작되는 것이다. 목표를 설정하는 바로 그 순간, 스위치가 켜지고 물이 흐르기 시작하고 성취하려는 힘이 현실화되는 것이다.

– 원 데이비스

촌철활인 | 한 치의 혀로 사람을 살린다

목표는 상상력에 레이저 같은 날카로움을 부여하고 자신의 모든 창조적 도구를 오로지 꿈의 실현에만 집중하게 합니다. 자신이 어디로 가고 있는지 정확히 알고 있음을 말과 행동으로 보여주는 사람에게 이 세상은 길을 만들어줍니다.

생생하게 상상하라
그리고 간절하게 소망하라

생생하게 상상하라. 간절하게 소망하라. 진정으로 믿으라. 그리고 열정적으로 실천하라. 그리하면 무엇이든지 반드시 이루어질 것이다.

– 폴 마이어

촌철활인 | 한 치의 혀로 사람을 살린다

성공하는 사람들의 특징은 목표가 분명하다는 점입니다. 목표는 불타는 욕구와 강렬한 자신감을 불러일으키고 확실한 결정을 내리도록 돕게 됩니다. 목표가 뚜렷할수록 더 멀리, 그리고 더 빨리 더 많은 것을 얻게 됩니다.

목표가 이끄는 삶

나치 수용소에서 끝까지 살아남은 사람들은 가장 건강한 사람도, 가장 영양상태가 좋은 사람도, 가장 지능이 우수한 사람도 아니었다. 그들은 살아야 한다는 절실한 이유와 살아남아서 해야 할 구체적인 목표를 가진 사람들이었다. 목표가 강한 의욕과 원동력을 지속적으로 제공했기 때문에 살아남을 수 있었던 것이다!

– 빅터 프랭클, '죽음의 수용소'에서

촌철활인 | 한 치의 혀로 사람을 살린다

아우슈비치 수용소에서 죽음의 문턱까지 갔던 정신과 의사 빅터 프랭클은 "한 인간에게서 모든 것을 빼앗아 갈 수는 있지만, 어떠한 상황에 놓이더라도 삶에 대한 태도를 선택할 수 있는 자유를 뺏어갈 수는 없다."라고 갈파했습니다. 그렇습니다. 삶이란 어떤 일이 생기는가가 아니라, 우리가 어떤 태도를 취하느냐에 따라 결정되는 것입니다.

강력한 꿈은
스스로 성취 계획을 만들어간다

심리학에는 한 가지 법칙이 있다. 이루고 싶은 모습을 마음속에 그린 다음 충분한 시간 동안 그 그림이 사라지지 않게 간직하고 있으면, 반드시 그대로 실현된다는 것이다.

– 윌리엄 제임스

촌철활인 | 한 치의 혀로 사람을 살린다

데이비드 슈워츠도 위 글에 공감을 표합니다. "'나는 성공할 것이다.'라는 생각이 당신의 모든 사고과정을 지배하게 하라. 그러면 조건반사로 당신의 마음은 성공을 초래할 만한 계획을 세우게 된다."

꿈을 갖고 꾸준히 노력하면 하늘이 도와준다

우리가 이 세상에 올 때 가지고 태어난 특별한 재능은, 우리로 하여금 그 일을 무척 좋아하게 만들고, 시간만 있으면 자신도 모르게 그 일을 향해 에너지를 쏟게 만든다. 그리고 그 길을 꾸준하게 묵묵히 걸어간다면 하늘은 반드시 도움의 손길을 내민다. 그런 경험은 참으로 신기해서 때로는 기적처럼 보이기도 한다.

— '꿈 PD 채인영입니다'에서

촌철활인 | 한 치의 혀로 사람을 살린다

채인영 박사는 자신의 꿈이 무엇인지 제대로 찾기가 어렵지만 자신의 꿈을 알고 가는 사람은 반드시 하늘의, 우주의 도움을 경험하게 되어있다고 주장합니다. 예를 들어 자신의 특별한 재능을 발견해 꾸준히 최대한 열심히 일하고 있는데도 꿈을 20%밖에 이룰 수 없는 상황이라면 나머지 80%를 하늘이 도와준다는 것입니다.

목표는 신비한 힘을 발휘한다

모든 것을 실현하고 달성하는 열쇠는 목표 설정이다. 내 성공의 75%는 목표설정에서 비롯되었다. 목표를 명확하게 설정하면 그 목표는 신비한 힘을 발휘한다.

– 폴 J. 마이어

촌철활인 | 한 치의 혀로 사람을 살린다

성공하는 사람들의 특징은 자기가 원하는 목표가 분명하게 있다는 점입니다. 목표는 불타는 욕구와 강렬한 자신감을 불러일으키고 확실한 결정을 내리도록 돕는 역할을 합니다. 뇌는 생각하는 대로 에너지를 만듭니다. 마음이 있는 곳에 기氣가 갑니다. 확고한 목표에서 끈기가 나옵니다.

망상이 위대한 기적의 모태가 된다

망상을 품지 않으면 실패할 확률이 0%이지만, 동시에 기적이 일어날 확률도 0%다. 망상을 품으면 실패할 확률이 높아지지만 적어도 기적이 일어날 확률이 0%에 고착되지는 않는다. '망상가' 소리 듣는 것을 두려워하면 죽었다 깨어나도 선구자가 될 수 없다. 계속 품고 있으면 망상은 위대한 기적의 모태가 된다.

— 차동엽(신부), '대한민국 국격을 생각한다'에서

촌철활인 | 한 치의 혀로 사람을 살린다

미래는 물리적인 세계가 아니라 우리의 꿈속에 존재합니다. 이것이 바로 우리가 꿈을 꾸어야 하는 이유입니다. 꿈은 망상에서 시작되어 그 망상이 실현되고 나면 꿈, 더 나가서는 비전으로 격상됩니다. 망상가라 불리는 것은 피해야 하는 것이 아닌, 즐겨야 할 일인 것입니다.

상상이 의지보다 큰 힘을 발휘한다

상상이 의지보다 큰 힘을 발휘한다. 이 법칙을 3가지로 요약하면 다음과 같다. 첫째, 의지와 상상력의 대결에서는 늘 상상력이 이긴다. 둘째, 의지와 상상력이 같은 방향으로 발휘되면 그 에너지는 두 배가 아니라 몇 배로 늘어난다. 셋째, 상상력은 스스로 조종할 수 있는 영역이다.

– 에밀 쿠에(20세기 초 프랑스 약학자), '똑똑한 대화법'에서

촌철활인 | 한 치의 혀로 사람을 살린다

에밀 쿠에는 상상이 의지를 이기는 대표적인 예로, '아무리 자겠다고 결심해도 졸리지 않으면 즉시 잠들지 못한다는 사실'을 제시하고 있습니다. 자기암시를 통해서 얼마든지 상상을 좌우할 수 있다는 세 번째 법칙에 크게 주목합니다. 성공은 상상에서 시작되어 현실에서 완성됩니다.

이 세상에 있는 위대한 진실

이 세상에는 위대한 진실이 하나 있어. 무언가를 온 마음을 다해 원한다면 반드시 그렇게 된다는 것이야. 무언가를 바라는 마음은 곧 우주의 마음으로부터 비롯된 때문이지. 이것을 실현하는 게 이 땅에서 자네가 맡은 임무야.

– 파울로 코엘료, '연금술사'에서

촌철활인 | 한 치의 혀로 사람을 살린다

하나의 꿈을 달성하기 원하는 사람은 누구나 한군데로 초점을 맞추고 노력해야 합니다. 그리고 완벽을 기대하고 요구해야지 중간 지점이나 평범함과 타협해서는 안 됩니다. 자신이 갈 수 있다고 생각하는 곳보다 훨씬 더 먼 곳으로 계속 밀고 나간다면, 당신은 틀림없이 가슴에 품은 꿈을 이룰 수 있습니다.

생각하는 대로 이루어진다

어떤 사람이 링컨에게 이렇게 물었다. "당신은 교육도 제대로 못 받은 농촌 출신이면서 어떻게 변호사가 되고 미국 대통령까지 될 수 있었습니까?" 링컨은 이렇게 대답했다 "내가 마음먹은 날, 이미 절반은 이루어진 것입니다."

– 데일 카네기 & 어소시에츠, '세일즈 바이블'에서

촌철활인 | 한 치의 혀로 사람을 살린다

우리의 잠재의식은 실패를 생각하는 사람은 실패하게 만들고, 성공을 생각하는 사람은 성공하게 만듭니다.(나폴레온 힐) 자신을 돌아보고 목표를 세우는 것만으로도 어느새 성취를 향한 여정의 큰 발걸음을 내딛고 있는 것입니다. 사람도 그렇고 조직도 그렇습니다. 생각하는 만큼 이루어지게 되어있습니다.

희망 없이는 살 수 없다

사람은 음식 없이는 40일을, 물 없이는 4일을, 공기 없이는 4분밖에 생존할 수 없다고 한다. 그러나 희망이 없으면 단 4초도 살 수 없다. 희망은 우리에게 힘든 세월을 견뎌낼 수 있는 힘을 주고, 우리를 흥분과 기대감으로 부풀게 한다.

– 존 맥스웰, '매일 읽는 맥스웰 리더십'에서

촌철활인 | 한 치의 혀로 사람을 살린다

어느 기자가 윈스턴 처칠 수상에게 히틀러 나치 정권에 대항하여 영국이 소유하고 있던 최고의 무기가 무엇이냐고 물었습니다. 처칠은 단 1초도 망설이지 않고 대답했습니다. "영국이 소유했던 가장 큰 무기는 언제나 '희망'이었습니다."라고….

목표의식을 가진 사람들

목표의식을 가진 사람과 그렇지 않은 사람들은 단어 퍼즐처럼 두뇌를 사용하는 과제에서 통나무를 베고 자전거 페달을 밟는 신체 활동에 이르기까지 모든 영역에서 뚜렷한 성과 차이를 보였다. 목표의식을 가진 벌목꾼들은 그렇지 않은 사람들에 비해 같은 시간에 더 많은 나무를 베었고, 운전기사들이 트럭에 실어 나르는 통나무의 양도 법적 허용치의 60%에서 90%로 많아졌다.

– 위스콘신 대학 연구진의 1994년 연구결과

촌철활인 | 한 치의 혀로 사람을 살린다

목표를 향한 사람들의 도전 의식을 고취 시킬수록 실적도 향상된다는 연구결과입니다. 사람들은 구체적이면서도 쉽지 않은 목표를 내 것으로 받아들일 때 훨씬 좋은 성과를 올리게 됩니다.

빌 게이츠가 말하는 나의 성공비결

사람들은 곧잘 마이크로소프트의 성공 비결을 알려 달라고 나에게 청한다. 두 사람이 구멍가게처럼 시작한 비즈니스가 어떻게 이런 대기업으로 성장할 수 있었느냐는 것이다. 물론 쉽게 답할 수 없는 물음이다. 행운도 따랐다. 그러나 가장 중요한 것이 있었는데 그것은 바로 비전이었다.

– 빌 게이츠

촌철활인 | 한 치의 혀로 사람을 살린다

남들이 대형 컴퓨터에 매달려 있을 때, 빌 게이츠는 모든 가정과 모든 책상에 하나의 개인용 컴퓨터PC가 있는 날을 미리 보았습니다. 남들이 보지 못하는 것을 미리 보는 것, 그리고 그러한 꿈과 비전을 모두의 열망과 믿음으로 바꿔주는 것, 그것이야 말로 위대한 승리의 원천입니다.

나의 미래는 선택에 따라 달라진다

앞이 보이지 않는 사람의 세상은 만져 본 것에 국한되고, 무지한 사람의 세상은 자신이 가진 지식에 의해, 위대한 사람의 세상은 비전에 따라 정해진다.

— 폴 하비(Paul Harvey)

나 자신의 운명, 우리 가정의 운명, 내가 속한 조직의 운명 그리고 우리나라의 운명은 지금 내가 어떤 꿈을 갖고, 지금 내가 어떤 공부를 하고, 지금 내가 어떤 사람들을 만나느냐 하는 '나의 선택'에 의해 좌우됩니다.

목표 없는 사람은 목표를 가진 사람을 위해 일한다

성공적인 모든 사람들은 가슴 속에 큰 꿈을 품은 사람들이었다. 목표를 설정하지 않는 사람들은 목표를 뚜렷하게 설정한 사람들을 위해 일하도록 운명이 결정된다.

– 브라이언 트레이시

촌철활인 | 한 치의 혀로 사람을 살린다

보이지 않는 과녁을 명중시킬 수는 없습니다. 브라이언 트레이시가 목표설정 관련하여 강조한 사항은 다음과 같습니다. 1) 자신이 간절히 원하는 목표를 세워야 한다. 2)목표가 구체적일수록 그 목표를 생각하는 데 더 많은 시간을 투자하게 된다. 3) 목표가 실현될 것이라는 강한 믿음을 가져야 하며, 반드시 목표를 종이에 적는 습관을 들여야 한다. 4)기한을 정하지 않은 목표는 장전하지 않은 총알과 같다.

꿈이 있는 사람은 인생을 즐긴다

스스로 세운 인생의 목표에 헌신하는 사람은 삶이 즐거워 어쩔 줄 모른다. 다시 태어나도 그 일을 하겠다고 다짐한다. 수입이 전혀 없어도 기꺼이 하겠다고 말한다. 그리고 그 일을 초등학교 때부터 하지 않은 것을 후회한다.

– 혼다 겐, 이강락 저 '청춘에게'에서

촌철활인 | 한 치의 혀로 사람을 살린다

꿈이 있는 사람은 인생을 즐깁니다. 어려움이 닥쳐도 기꺼이 과정으로 받아들입니다. 반면 꿈이 없는 사람은 자기 인생의 주도권을 남에게 맡긴 것이나 마찬가지입니다. 삶이 무미건조하다면 꿈을 리모델링할 때가 된 건 아닌지 생각해 보아야 합니다.

꿈이란
무엇인가?

꿈을 아끼면 성공을 그리지 못한다

기능적인 면에서 인간의 뇌와 신경계는 놀랍고 복잡한 '목표추구 메커니즘'을 구성한다. 일종의 자동안내 시스템처럼 작동자인 당신이 그것을 어떻게 작동시키며 목표를 추구하느냐에 따라 '성공 메커니즘'으로 당신에게 유익하게 작용될 수도 있고, '실패 메커니즘'으로 당신에게 불리하게 작용될 수도 있다.

— 맥스웰 몰츠

촌철활인 | 한 치의 혀로 사람을 살린다

물감을 아끼면 그림을 못 그리듯, 꿈을 아끼면 성공을 그리지 못합니다. 꿈은 현실의 씨앗입니다. 마음에 새긴 인생의 꿈은 반드시 이루어집니다. 연필로 써내려간 인생의 꿈은 반드시 이루어집니다. 가슴으로 노래하는 인생의 꿈은 반드시 이루어집니다. 간절히 꿈꾼다면 자신의 뇌와 신경계뿐만 아니라 온 우주와 주변 사람들도 당신을 도울 준비가 되어있습니다.

인간은 꿈을 먹고 사는 동물

인간은 꿈과 희망을 먹고 사는 동물이라고 한다. 꿈과 희망은 오직 인간만이 가지고 있는 '보다 나은 바람'을 바라는 특권이다. 이 특권을 초월하는 것은 아무 것도 없다. 꿈과 희망이 없는 사람에게는 내일도 없다. 내일은 '내일이 있다고 믿는 사람'에게만 있다.

— 백영훈(한국 산업개발연구원 원장), '대한민국에 고함'에서

촌철활인 | 한 치의 혀로 사람을 살린다

모든 성공의 시발점은 미래에 대한 꿈과 희망 그리고 의지와 믿음입니다. 나의 꿈과 희망은 나뿐만 아니라 조직 전체의 성취 동기와 에너지를 낳고, 동기와 에너지는 실천을 그리고 실천은 성공을 낳습니다. 3초라는 짧은 시간 안에 낙담과 좌절을 꿈과 희망으로 돌릴 수 있음을 상기하십시오.

꿈이란 무엇인가

마음 깊은 곳에서 간절히 원하는 것이면 무엇이든지 꿈이다. 이루어질지 아닐지 확실하지 않더라도 반드시 도달하고 싶은 목표점이다. 만약 도달할 것이 확실하다면 우리는 더 이상 그것을 꿈이라고 부르지 않는다.

– '꿈 PD 채인영입니다'에서

촌철활인 | 한 치의 혀로 사람을 살린다

"꿈은 실현가능성과 상관이 없다." 당연하지만 매우 인상적인 내용입니다.

채인영 박사의 꿈에 대한 추가 설명을 살펴보세요. "이루어지기만 한다면 무척이나 행복할 것 같은 일, 세상을 다 얻은 것 같은 느낌을 주는 일, 기뻐서 가슴이 뛰는 일, 내가 살아있는 이유라고 느껴지는 일, 그것을 이룬 사람을 보면 무척 부럽고 때론 질투까지 느껴지는 일, 바로 그것이 꿈이다."

가슴으로 느끼고
손으로 적어 발로 뛰는 게 꿈

꿈을 이루는 가장 좋은 방법은 목표를 세우고, 모든 것을 집중하는 거야. 그렇게 하면 단지 희망사항이었던 것이 '꿈의 목록'으로 바뀌고, 다시 그것이 '해야만 하는 일의 목록'으로 바뀌고, 마침내 '이루어 낸 목록'으로 바뀐단다. 꿈을 가지고 있기만 해서는 안 돼. 꿈은 머리로 생각하는 것이 아니란다. 얘야, 가슴으로 느끼고 손으로 적어 발로 뛰는 게 꿈이지.

– 존 고다드

촌철활인 | 한 치의 혀로 사람을 살린다

"어떤 분야든 성공하는 사람과 그렇지 못한 사람의 차이는 재능이 아닙니다. 정상을 넘어서는 사람은 꿈의 소유자요. 꿈의 소유물입니다. 그는 끈질긴 인내심과 고집으로 꿈을 좇아 전념합니다. 전념은 꾸준하고 열정적인 노력으로 이어지고, 그것은 더더욱 위대한 보답을 가져다 줍니다."(지그 지글러)

서른여섯에 부사장이 된 아이아코카

리 아이아코카가 서른여섯 살에 포드 자동차 부사장에 임명되었을 때, 아이아코카만큼 기뻐하고 놀란 사람도 없었다. 그는 리하이 대학 시절 이미 포드 자동차의 부사장이 될 목표를 세웠다. 서른다섯 살까지 말이다.

– 세스 고든 보고서

촌철활인 | 한 치의 혀로 사람을 살린다

여러 사람에게 공개적으로 밝히는 자기 비전을 확고히 가지고 있는 3%의 사람들만이 큰 성공을 거둔다고 합니다. 미래에 큰 성공을 거둘 3% 클럽 가입을 위한 첫 관문인 '10~20년 후의 명확한 자기 목표와 사명, 즉 자기 비전을 수립하는 것'을 더 이상 미루지 말고, 꼭 해내길 바랍니다.

비전을 가진 사람과 몽상가의 차이

비전이 있는 사람은 말은 적으며 행동은 많이 한다. 몽상가는 말은 많으나 행동은 적다. 비전이 있는 사람은 자기내면의 확신에서 힘을 얻는다. 몽상가는 외부 환경에서 힘을 찾는다. 비전이 있는 사람은 문제가 생겨도 계속 전진한다. 몽상가는 가는 길이 힘들면 그만둔다.

— 존 맥스웰

촌철활인 | 한 치의 혀로 사람을 살린다

말보다는 행동을 많이 하는 사람, 우호적 환경이 아니라 내면의 확신에서 힘을 얻는 사람, 가는 길이 힘들어도 포기하지 않고 끝없이 전진하는 비전을 가진 사람들이 전구도, 비행기도, 컴퓨터도 만들었습니다. 나는 비전을 가진 사람인가? 몽상가인가? 조용히 생각해 봅니다.

미래는 예측이 아니라
창조하는 것이다

지금까지의 경험으로 보면 예측은 맞지 않았다. 언제나 그랬다. 따라서 미래에 대비하려면 미래를 예측하기 보다는 창조해나가야 한다는 발상의 전환을 가져야 한다. 우리는 미래를 창조하고 선도해 나갈 것이다.

— 윤종용(삼성전자 부회장), 'CEO 윤종용'에서

촌철활인 | 한 치의 혀로 사람을 살린다

"미래는 예측하는 것이 아니라 창조하는 것이다." 이는 피터 드러커 교수가 늘 강조하던 경구입니다. 훌륭한 내일을 창조하기 위해서는 오늘의 안정된 상태를 주체적이며 의도적으로 파괴할 수 있어야 합니다. 내일을 예측하려는 사람들이 아닌, 내일을 창조하려는 사람들, 즉 오늘을 스스로 파괴하는 사람들이 미래의 주인공이 됩니다.

하루도 빼지 않고
꿈과 함께 살아가기

디즈니월드가 문을 열었을 때 월트 디즈니는 이미 죽고 없었다. 그 행사장에서 아내가 그를 대신하여 연설하게 되었는데 청중 앞에 그녀를 소개한 사람이 "디즈니 여사, 디즈니 씨가 이것을 볼 수 있었다면 얼마나 좋았을까요?"라고 말하자 그녀는 대답했다 "그 양반은 우리보다 먼저 보고 가셨답니다."

– 월트 디즈니의 꿈을 이루는 성공 메시지

촌철활인 | 한 치의 혀로 사람을 살린다

월트 디즈니는 사는 동안 하루도 빼지 않고 꿈을 가지고 있었다고 가까운 지인들을 말합니다. '하루도 빼지 않고' 늘 꿈을 가지고 있었다는 사실이 중요합니다. 그것이 꿈을 실현시키는 동력이 됩니다.

우리는 희망을 먹고 산다

인간은 무려 40일간 먹지 않고도 살 수 있다. 사흘 정도는 물을 마시지 않고도 살 수 있지. 심지어 8분 동안 숨을 쉬지 않아도 살 수 있단다. 하지만 희망이 없으면 단 1초도 살 수 없는 존재가 바로 인간이다.

— 박성철, '중학생 인생수업'에서

촌철활인 | 한 치의 혀로 사람을 살린다

단테는 〈신곡神曲〉에서 지옥의 입구에 이런 글이 새겨져 있다고 했습니다. "여기 들어오는 자는 모든 희망을 버려라."

"세상에 희망만한 명약은 없다. 내일은 더 나아질 것이라는 기대보다 약효가 강한 자극제나 강장제는 없다." 복음전도사인 오리슨 스웨트 마덴Orison Swett Marden의 말입니다.

지금 바로 희망을 선택하라

활기와 희망도 선택이다. 같은 길을 걸어도 절망을 선택한 사람은 삶의 종착지에서 불행이란 마침표를 찍게 되고, 희망을 선택한 사람은 결국 행복의 산봉우리에 오르게 된다. 선택은 곧 생각이다. 생각 자체가 희망차야 그 다음 내딛는 발걸음도 희망차게 된다. 지금 바로 희망을 선택하라.

— 오종환, '행복할 때 살피고 실패할 때 꿈꿔라'에서

촌철활인 | 한 치의 혀로 사람을 살린다

지배적인 생각이나 마음가짐은 자석처럼 비슷한 것을 끌어당기는 법이므로 마음가짐이 어떠하든 그에 어울리는 조건이 삶에 나타날 수밖에 없습니다. 늘 기분이 좋다고 느끼는 것 그리고 어떤 상황에 처하든 희망의 싹을 찾는 것은 매우 중요합니다. 이것이 신호가 되어 결과적으로 희망대로 이루어지기 때문입니다.

활력은 비전의 산물이다

목표를 끝까지 관철하고 말겠다는 집념은 기개가 있는 자의 정신을 단단히 받치고 있는 기둥이며 성공의 최대 조건이다. 이것이 없다면 아무리 천재라고 할지라도 이리저리 방황하게 되고 헛되이 에너지를 소비할 뿐이다.

– 체스터필드

촌철활인 | 한 치의 혀로 사람을 살린다

"목표가 확실한 사람은 아무리 거친 길이라도 앞으로 나갈 수 있다. 그러나 목표가 없는 사람은 아무리 좋은 길이라도 앞으로 나갈 수 없다."(토머스 칼라일)

"활력은 비전의 산물이다. 위대하고 아름답고 중요한 그 어떤 것에 대한 비전이 없다면 활력은 감소되고 인간의 생명력은 약해진다."(에리히 프롬)

꿈꾸게 하라
상상력이 세계를 지배한다

지난 300년 동안 유럽인들은 미국으로 건너왔다. 그들은 많은 재산을 가지고 오지는 못했지만 꿈을 가지고 왔다. 나라가 소유할 수 있는 가장 값진 자원은 그 나라 국민들의 꿈이라고 믿는다. 미래의 성공은 오늘 품고 있는 꿈으로부터 발전하기 때문이다.

― 월스트리트 저널

촌철활인 | 한 치의 혀로 사람을 살린다

나폴레온 힐은 "상상력이 세계를 지배한다."라고 했으며, 빌 게이츠는 "마이크로소프트의 유일한 재산이라곤 직원들의 상상력 밖에 없다."라고 말합니다.

꿈이 큰 민족이 꿈이 작은 민족을 지배하고, 마찬가지로 꿈이 큰 개인이 꿈이 작은 개인을, 꿈이 큰 기업이 꿈이 작은 기업을 지배하게 됩니다.

맹인으로 태어난 것보다
더 불행한 것

사람들은 맹인으로 태어난 것보다 더 불행한 것이 뭐냐고 나에게 물어온다. 그럴 때마다 나는 "시력은 있되 비전이 없는 것"이라고 답한다.

— 헬렌 켈러

촌철활인 | 한 치의 혀로 사람을 살린다

비전은 마술과 같습니다. 모든 일이 이루어질 수 있는 미래의 가능성이며 크고 대담한 생각들입니다. 그렇기에 비전이 없는 하루하루의 삶은 캄캄한 터널을 지나는 것과 같습니다. 비전이 없다면 아무리 시급한 일이라도 일단 멈추고 며칠, 몇 달이 걸리더라도 이를 먼저 세워야 합니다.

목표는 도구의 주인이다

목표를 가진 사람은 도구를 가진 사람의 주인이다. 도구만 갖고 있는 사람은 목표를 가진 사람의 종이 된다. 노를 기가 막히게 잘 젓는 사공일지라도 자신의 목표를 갖고 있지 않다면 선장이 가자는 대로 가는 종이 된다. 반면 스스로 어디로 가는지 알고 있다면 선장과 대등한 관계가 될 수 있다.

– 김형환, 'CEO 위기보다 강해져라'에서

촌철활인 | 한 치의 혀로 사람을 살린다

목표를 설정하지 않는 사람들은 목표를 뚜렷하게 설정한 사람들을 위해 일하도록 운명이 결정됩니다. 목표를 가진 주인이 될 것인지, 도구를 가진 종이 될 것인지는, 지금 나의 결정에 달려 있습니다.

목표가 없으면 결실도 없다

온대지방에 사는 꿀벌 떼를 겨울이 없는 열대지방으로 이동시켜 실험을 해 보았다. 겨울이 오지 않자 꿀벌들은 꿀을 모으지 않고 게을러져 사람들을 쏘아댔다. 목표가 없으면 모든 것이 귀찮고 힘들어질 뿐이다.

– e-HRD Poster에서

크든 작든 목표가 있는 것과 없는 것, 이 둘은 실행에서부터 결과까지 큰 차이를 유발합니다. 목표의 존재 유무는 자원의 존재 여부보다 결과에 더 많은 영향을 끼칩니다. 당시에는 미처 잘 깨닫지 못하지만, 일이 잘 안될 때는 뚜렷한 목표가 아예 없거나 혹은 목표가 제대로 설정되지 않았을 가능성이 높습니다. 따라서 일이 잘 안되면 목표를 다시 한 번 점검해 보는 것이 필요합니다.

성공을 꿈꾸는 능력

내가 호텔 종업원으로 일할 때 나보다 뛰어난 사람은 얼마든지 있었어요. 하지만 그들은 나처럼 하루도 빠짐없이 자신의 미래를 생생하게 그리지는 않았어요. 노력이나 재능보다 훨씬 중요한 것은 성공을 꿈꾸는 능력입니다.

– 콘래드 힐튼(호텔 왕)

촌철활인 | 한 치의 혀로 사람을 살린다

가난한 행상의 아들로 태어나, 전 세계에 250개가 넘는 호텔을 세운 호텔 왕 콘래드 힐튼 이야기입니다. 어렵게 호텔 벨보이로 취직한 소년은 언젠가 호텔 사장이 되는 꿈을 단 하루도 잊지 않았고 가장 큰 호텔사진을 구해 사장이 된 자신을 날마다 상상했습니다. 가정 형편, 학벌보다 훨씬 더 중요한 것은 꿈과 그것을 달성하기 위한 꾸준한 노력입니다.

희망이 세상을 움직인다

이 세상을 움직이는 것은 희망이다. 수확할 희망이 없다면 농부는 씨를 뿌리지 않으며 이익을 거둘 희망이 없다면 상인은 장사를 하지 않는다. 좋은 희망을 품는 것이 바로 그것을 이룰 수 있는 지름길이다.

                             – 마틴 루터 킹

촌철활인 | 한 치의 혀로 사람을 살린다

사람의 몸은 심장이 멈출 때 죽지만 사람의 영혼은 꿈을 잃을 때 죽는다는 말이 있습니다. 어려운 환경을 탓할 것이 아니라 희망을 가지지 않은 것을 부끄러워할 줄 알아야 합니다. 세월은 세상을 주름지게 하지만 정열과 희망을 포기하는 것은 영혼을 주름지게 합니다.

기억은 유한하고 비전은 무한하다

기억은 과거이다. 기억과 과거는 유한하다. 비전은 미래이다. 비전과 미래는 무한하다. 비전은 역사보다 크고, 선입견 보다 크고, 과거 감정의 상처보다 크다. 비전은 경험과 과거를 뛰어넘을 수 있게 해준다.

– 스티븐 코비, '성공하는 사람들의 8번째 습관'에서

촌철활인 | 한 치의 혀로 사람을 살린다

　일반 사원 시절, 경영진 능력을 파악하는 제 나름의 잣대 중 하나가 '그들 말씀 속에 포함된 과거와 미래사의 비중'이었습니다. 능력 있고 높은 성과를 창출하는 경영자는 과거 회고보다는 미래에 대한 꿈과 희망을 주로 얘기했던 것으로 기억합니다. 과거보다는 미래 이야기를 많이 하는 사람이 되어야 합니다.

미래는 확실성이 아닌
꿈으로 이뤄져 있다

미래는 확실성이 아닌 꿈으로 만들어져 있다. 미래는 물리적인 세계가 아니라 우리의 사고와 꿈속에서 존재한다. 비행기도 꿈이었다. 미래는 꿈이라는 재료로 만들어진다. 이런 상황에서 모든 사업가는 훌륭한 소설가가 이야기를 상상하듯이 사업의 미래를 상상해야 한다.

– 롤프 얀센(드림 소사이어티 저자)

촌철활인 | 한 치의 혀로 사람을 살린다

미래는 꿈속에 존재합니다. 이것이 바로 우리가 꿈을 꾸어야 하는 이유입니다. 아이러니컬하게도 망상이 현실이 되고 나면 망상은 더 이상 망상이 아니라, 꿈 혹은 비전으로 격상되는 평가를 받게 됩니다. 확실하고 안전한 것을 찾는 대신, 지금 당장은 망상처럼 보이더라도 보이지 않는 꿈을 찾는 멋진 삶을 꿈꿔봅니다.

창의력, 상상력이 부의 원천

아담 스미스는 18세기 말에 발표한 국부론에서 다음과 같이 밝혔다.
"한 나라의 진정한 부의 원천은 그 나라 국민들의 창의적 상상력에 있다."

– '창의성의 심리학'에서

촌철활인 | 한 치의 혀로 사람을 살린다

스탠포드대 서튼 교수는 "지속적 혁신은 한명의 천재를 통해 이루어지는 것이 아니고, 구성원들이 새로운 아이디어를 생산하고 이를 과감히 실천하는 조직적 기반이 있어야 진정한 창의적 조직으로 거듭날 수 있다."라고 합니다. 창조적 사고는 몇몇 특별히 타고난 사람이 아닌 '집 앞의 풀 한 포기, 사람들이 타는 자전거 하나에도 관심을 갖는 일반인'도 충분히 해낼 수 있는 것입니다.

태산에 오르는 자가 천하를 얻는다

동산에 오르는 자는 마을을 얻고, 태산에 오르는 자가 천하를 얻으며, 내일을 생각하는 자는 매일 급급하고, 십 년 뒤를 계책하는 자가 마침내 성공을 얻는다.

– '리더의 아침을 여는 책'에서

촌철활인 | 한 치의 혀로 사람을 살린다

지금 힘들고 어려운 것은 멀리 보면 보약이 될 수 있습니다. 큰 꿈을 꾸면서, '미치지 않으면 미치지 못한다.'는 불광불급不狂不及 의 자세로 하루하루 생활한다면 누구를 막론하고 무한한 성취를 얻을 수 있으리라 확신합니다.

꿈을 꿀 수 있으면 누구나 젊은이다

사람은 늙고 나이 들어서 새로운 도전에 대한 꿈을 중단하는 것이 아니라, 새로운 도전에 대한 꿈을 접을 때 늙는다. 만약 꿈이 없다면 나는 나도 모르는 사이에 천천히 그러나 확실히 시들어 버릴 것이다.

– 엘링 카게, '생각만큼 어렵지 않다'에서

촌철활인 | 한 치의 혀로 사람을 살린다

"우리는 언제 지치고 고달픈가?"라는 물음에 세계적인 임상심리학자 슬로모 브레즈니츠 박사는 "희망이 없을 때"라고 답했습니다. 사람의 몸은 심장이 멈출 때 죽지만 사람의 영혼은 꿈을 잃을 때 죽는다는 말이 있습니다. 미래에 대한 꿈을 꾸는 한 우리는 영원히 젊은이라 할 수 있습니다.

꿈이 없는 사람은 죽은 사람이다

사람은 산 사람, 죽은 사람으로 나눌 수 있다. 꿈이 없는 사람은 살아 있어도 사실은 죽은 사람이다. 그런 사람은 열정이 없고 매사에 부정적이며 함께 일을 할 수가 없는 사람이다.

– 윤석금(웅진그룹 회장)

사람이 살아가는 데는 꿈과 희망도 의식주 못지않게 중요합니다. 꿈을 다른 말로 바꾸면 야망이라 할 수 있습니다. 성공을 꿈꾸는 사람은 야망을 품어야 합니다. 야망이야말로 제 2의 어머니입니다. 그 결과가 성공이냐 실패냐를 떠나, 한 사람을 성장하게 만들기 때문입니다. 한 사람이 살아온 인생이란 그 사람이 품어온 야망의 결과물입니다. (이명박 전 대통령, '온몸으로 부딪혀라'에서)

꿈은 살아있는 사람의 의무이자 권리이다

아들아! 죽는 날까지 꿈꾸기를 포기하지 마라. 매일 꿈을 꾸어라. 꿈꾸지 않는 사람은 아무것도 얻을 수 없으며, 오직 꿈꾸는 자만이 비상할 수 있다. 꿈에는 한계가 없다. 마음껏 꿈꿔라. 꿈을 꾼다는 것은 살아 있다는 증거이고 사람이 살아 있는 동안에 반드시 해야 할 의무이자 권리이다.

– 송길원, '나를 딛고 세상을 향해 뛰어올라라'에서

촌철활인 | 한 치의 혀로 사람을 살린다

오랫동안 꿈을 그리는 사람은 마침내 그 꿈을 닮아갑니다. (앙드레 말로)

꿈을 꾸면 목표가 생기고, 목표를 잘게 나누면 계획이 되고, 계획을 하나씩 실행하면 꿈은 이루어집니다. (박경리)

실망하는 것보다
기대하지 않는 게 더 나쁘다

앞일을 생각하는 건 즐거운 일이에요. 이루어질 수 없을 지라도 생각하는 건 자유거든요. 린드 아주머니는 "아무것도 기대하지 않는 사람은 아무런 실망도 하지 않으니 다행이지."라고 말씀 하셨어요. 하지만 저는 실망하는 것보다 아무것도 기대하지 않는 게 더 나쁘다고 생각해요.

– '빨간 머리 앤'에서

촌철활인 | 한 치의 혀로 사람을 살린다

"가만히 서 있으면 절대로 발가락을 찧을 일이 없습니다. 빠르게 움직일수록 발가락을 찧기 쉽지만 그만큼 어딘가에 도달할 가능성도 커집니다."(찰스 케터링)

수많은 사람들이 실패한 것보다는 하지 않은 것을 더 후회합니다.

간절하지 않으면 꿈도 꾸지 마라

높은 목표를 달성하려면 간절한 바람이 잠재의식에까지 미칠 정도로 곧고 강해야 한다. 주위의 시선에 우왕좌왕하지 말아야 한다. 하고 싶다면, 하고자 한다면 무슨 일이 있어도 그 길을 가겠다고 굳게 다짐하라. 그리고 반드시 이룰 수 있다고 굳게 믿어라. 그런 간절함이 없다면 처음부터 꿈도 꾸지 마라.

– 이나모리 가즈오, '왜 일하는가?'에서

촌철활인 | 한 치의 혀로 사람을 살린다

간절히 바라면 반드시 이루어집니다. '어떻게 해서라도 이렇게 되고 싶다'고 간절하게 바라면 그 생각이 반드시 그 사람의 행동으로 나타나고, 행동은 생각을 더욱 간절하게 합니다. 먹고 자는 것을 잊을 정도로 간절하게 바라며 하루 종일 그것을 마음속 깊이 새기면 그 생각은 잠재의식에까지 침투해 들어갑니다. 이 잠재의식은 자고 있을 때조차도 활동하며 간절함이 강할수록 목표를 이룰 수 있는 길로 나를 인도해줍니다.

즐겁게 할 수 있는 일을 하라

첫째, 나는 무엇에 소질이 있는가? 둘째, 정말로 하고 싶은 일은 무엇인가? 이 두 가지 질문에 같은 답이 나오면 그 일을 하라. 그러면 아침에 벌떡 일어나서 일하러 가고 싶어질 것이다. 아마 그 일을 아주 잘할 것이고 매일 일을 하면서 드러나는 능력과 긍정적인 태도가 사람들의 눈에 띄게 될 것이다. 그러면 즐겁게 생활하면서 동시에 누군가의 적극적인 관심과 도움을 받아서 더욱더 발전할 수 있게 될 것이다.

– 토머스 S. 존슨(그린포인트 은행 회장)

촌철활인 | 한 치의 혀로 사람을 살린다

즐겁게 할 수 있는 일을 해야 합니다. 돈 때문에 진로나 직업을 선택해서는 안 됩니다. 인생은 한 번뿐입니다. 월급날뿐 아니라 매일이 즐거울 수 있어야 합니다. 열정과 몰입 없이, 영혼을 집에 남겨둔 채 하루를 살아가는 것은 되돌이킬 수 없는 삶, 소중한 인생을 낭비하는 것입니다.

꿈꾸는 기술

작은 꿈은 꾸지도 마라

남과 다른 꿈을 찾자

멀리 보라, 집중하라

작은 꿈은
꾸지도 마라

꿈을 크게 가져라

부자 아빠는 이렇게 말했다. "위대한 사람들은 위대한 꿈을 가지고 있고 평범한 사람들은 평범한 꿈을 가지고 있지. 만일 네 자신을 변화시키고 싶다면, 네 꿈의 크기를 바꾸는 일부터 시작하거라."

– 로버트 기요사키, '부자 아빠 가난한 아빠'에서

촌철활인 | 한 치의 혀로 사람을 살린다

"생생하게 상상하라. 간절하게 소망하라. 진정으로 믿으라. 그리고 열정적으로 실천하라. 그리하면 무엇이든지 반드시 이루어질 것이다." 폴 마이어의 글을 되새겨 봅니다.

부의 격차보다 무서운 것은 꿈의 격차이다

부의 격차보다 무서운 것은 꿈의 격차이다. 불가능해 보이는 목표라 할 지라도 그것을 꿈꾸고 상상하는 순간 이미 거기에 다가가 있는 셈이다.

– 이지성, '꿈꾸는 다락방'에서

촌철활인 | 한 치의 혀로 사람을 살린다

성공으로 가는 프로그램은 반드시 이렇게 되고 싶다는 간절한 꿈에서 시작합니다. 꿈은 상상을 통해 얼마간 실현의 기쁨을 미리 맛보게 해줍니다. 그 기쁨과 기대가 도전할 수 있는 에너지가 되어 무엇이든 실천하게 합니다.

꿈의 크기가 인생의 크기를 결정한다

미래가 현재보다 나아지기를 바란다면 큰 꿈을 꾸어야 한다. 꿈의 크기가 인생의 크기를 결정한다. 꿈은 머릿속에 있을 때는 단지 꿈일 뿐이지만 매일 생각하고 되뇌면 의지가 된다. 여기에 적극적이고 열정적인 실천이 더해지면 비로소 꿈은 눈앞의 현실이 될 수 있다.

— 윤석금(웅진그룹 회장), '긍정이 걸작을 만든다'에서

촌철활인 | 한 치의 혀로 사람을 살린다

세상에서 가장 나쁜 것은 힘들게 사는 것이 아니라 희망 없이 사는 것입니다. 꿈은 이루어집니다. 그러나 꿈은 꼭 이루고자 하는 사람에 의해서만 이루어집니다. 꿈은 이루어지기 전까지 사람을 가혹하게 다룹니다. (이영권 박사, '지식칼럼'에서)

이룩할 수 없는 꿈 꾸기

400년 전 소설 돈키호테에 "이룩할 수 없는 꿈을 꾸고, 이루어질 수 없는 사랑을 하고, 싸워 이길 수 없는 적과 싸움을 하고, 견딜 수 없는 고통을 견디며, 잡을 수 없는 저 하늘의 별을 잡자."라는 꿈을 예찬하는 구절이 있다. 꿈은 에너지의 원천이다. 세상을 상대로 당당하게 맞서 싸울 수 있는 힘을 준다. 세상을 바꿔온 것은 바로 그런 이룩할 수 없는 꿈이다.

— 권영설(한국경제 소장), 칼럼 '돈키호테의 꿈'에서

촌철활인 | 한 치의 혀로 사람을 살린다

아인슈타인은 지식보다 더 중요한 것은 상상력이라고 말했습니다. 상상력이 새로운 세상을 만듭니다. 하루하루 살아가기 어렵더라도 꿈을 꾸며 살아야합니다. 황당한 꿈을 꾸며 살아가야 합니다. 비정상(탁월한 성과)을 바라면서 정상적인 꿈(남과 똑같은 꿈)만 꿀 수는 없습니다.

우리는 크게 생각할 필요가 있다

큰 문제가 항상 큰 진보를 가져오지는 않지만 작은 문제는 절대 큰 진보를 가져오지 않는다. 노벨상을 수상한 동물학자인 피터 메더워(Peter Medawar)는 "단조롭고 시시한 문제는 단조롭고 시시한 결과를 가져온다."고 말했다. 그래서 우리는 크게 생각할 필요가 있다.

– 게리 하멜. '경영의 미래'에서

촌철활인 | 한 치의 혀로 사람을 살린다

사람들은 보통 작은 문제는 과거와 같은 방식으로 해결하려고 합니다. 반면에 과거 방식으로는 안 된다고 생각할 때 과거를 버릴 용기가 생기고, 새로운 독창성을 발휘하게 됩니다. 따라서 거대한 변화는 항상 위기에 의해 촉발됩니다. 큰 문제는 그만큼 우리에게 큰 축복이라 말할 수 있습니다.

어려운 목표가 성공을 이끈다

흥미를 불러일으키거나, 긴장하게 하거나, 판에 박힌 일상생활에서 벗어나게 하거나, 그 이유가 어떻든 간에 어려운 목표는 우리의 두뇌를 살아나게 한다. 어려운 목표는 당신의 두뇌 리소스가 부족하다고 판단하고 덜 중요한 목표들을 모조리 몰아낸다. 두뇌의 힘이 한곳에 집중되면 더 나은 성과를 거두게 된다.

– 마크 머피, '하드 골'에서

촌철활인 | 한 치의 혀로 사람을 살린다

미국의 분자생물학자 존 메디나 교수는 이렇게 말합니다. "어려운 목표는 우리의 주의를 끈다. 주어진 자극에 뇌가 주의를 기울이면 기울일수록 정보들은 더욱 정교하게 부호화되어 남는다." 일반적 상식과는 달리 어려운 목표가 오히려 성공과 성장을 이끌게 된다는 것입니다.

목표를 아주 높게 잡아라

변화에 걸리는 시간은 기본적으로 생각하는 만큼 된다. 리더가 변화에 2년이 걸릴 것으로 생각하면 실제로 2년 정도 걸리게 되고, 2주 만에 변화할 수 있다고 생각하면 실제로 변화가 2주 만에 이루어질 수도 있다. 그러므로 목표를 '높게' 잡지 말라. '아주 높게' 잡아라.

– 짐 콜린스

촌철활인 | 한 치의 혀로 사람을 살린다

짐 콜린스는 단번에 어떤 변화를 가지고 올 수 있다고 생각하면 단기간에 변화를 불러일으킬 수 있고 반면에 변화가 오랜 시간을 두고 이루어질 것으로 생각하면 그만큼 늦게 이루어지게 된다고 주장합니다. 또한 케네디 대통령의 달 탐사 계획처럼 명확하고 거대한 목표가 세워져야만 큰 변화가 이뤄집니다.

5% 성장은 불가능해도, 30% 성장은 가능하다

5% 성장은 불가능해도 30% 성장은 가능하다. 5% 성장을 목표로 삼으면 과거 방식대로 움직이기 때문에 4% 성장도 달성하기 힘들다. 그러나 30% 성장을 목표로 삼으면 혁신적인 아이디어를 찾게 되고 접근방식도 달라지기 때문에 기대이상의 성과를 거두곤 한다.

– 마쓰시타 고노스케

촌철활인 | 한 치의 혀로 사람을 살린다

제로베이스 예산도 이 같은 개념에서 출발합니다. 혹자는 "전년대비, 예산대비, 경쟁자 대비 같은 척도를 버리라."라고 말합니다. 이러한 대비가 근본적인 혁신을 가로막기 때문입니다. 큰 목표가 제시되어야만 기존의 방식을 버리고 근본적으로 새로운 방식을 찾게 되어 있습니다. 그 결과 높은 성과가 창출되는 것입니다.

작은 꿈 대신 큰 꿈을 꾸었다

위대한 기업을 세우고자 한다면 위대한 꿈을 가질 용기가 있어야 한다. 작은 꿈을 꾼다면 어떤 작은 것을 이루는 데는 성공할 것이다. 손만 뻗으면 잡을 수 있는 꿈이 무슨 가치가 있겠는가? 나는 작은 꿈 대신 큰 꿈을 꾸었다.

– 하우드 슐츠(스타벅스 회장)

촌철활인 | 한 치의 혀로 사람을 살린다

목표를 높이지 않고 그저 평균 이상을 목표로 하면 그것 밖에는 얻지 못합니다. 반면 어느 분야든 탁월함을 추구한다면, 더 큰 노력을 쏟게 됩니다. 모든 위대한 리더는 탁월함을 추구한다는 사실을 다시 한번 새겨봅니다.

목표는 어려울수록
투지가 샘솟게 한다

목표는 어려우면 어려울수록 투지가 샘솟는다. 목표를 달성하기가 쉽지 않으니 여러 궁리를 하고 지혜를 짜내게 된다. 매우 어려운 일이기는 하지만 목표를 달성하기까지의 과정을 즐겨라. 그렇게 하면 반드시 성과를 얻을 것이다.

– 에드워드 데밍(박사, 품질관리 세계적 권위자)

촌철활인 | 한 치의 혀로 사람을 살린다

너무 쉬운 목표로는 가슴이 뜨거워지지도 않고 달성하고야 말겠다는 의욕도 생기지 않습니다. 과거 익숙했던 방식만 고집하게 되어 개선도 이뤄지지 않습니다. 불가능에 가까울 만큼 높은 목표를 설정하고 포기하지 않고 철저하게 끊임없이 도전하는 것, 그 결과 성취와 진보의 기쁨을 맛볼 수 있는 것, 우리 인간에게만 주어진 축복이 아닐까 합니다.

사람들에게 가장 위험한 일은

대부분의 사람들에게 가장 위험한 일은 목표를 너무 높게 잡고 거기에 이르지 못하는 것이 아니라, 목표를 너무 낮게 잡고 거기에 도달하는 것이다.

– 미켈란젤로

촌철활인 | 한 치의 혀로 사람을 살린다

목표가 확실하면 달성도도 그만큼 높아집니다. 과학적 연구에 의하면, 목표가 달성되고 나면 인간 두뇌는 활성도가 둔화됩니다. 따라서 사람은 끊임없이 목표를 만들고 도전하지 않으면 점점 추락하게 되고, 이런 불행을 피하기 위해서는 하나의 목표를 달성하고 나면 그 즉시 다음 목표를 설정해서 뇌에 새로운 프로그램을 입력해주어야 합니다.(무라카미 가즈오, '성공하는 DNA 실패하는 DNA'에서)

일을 시작할 때
가장 중요한 것은 꿈의 크기다

개인이든 조직이든 일을 시작할 때 가장 중요한 것은 꿈의 크기다. 꿈의 크기가 얼마나 큰가에 따라 성과물의 결과도 달라지는 법이다. 어떤 조직이든 리더가 세운 비전과 목표 이상의 성과를 내기는 어렵다. 그리고 리더가 낮은 비전을 세웠음에도 불구하고 세계 최고가 된 회사를 본적이 없다.

– 이승한(홈플러스 회장), '창조바이러스 H2C'에서

꿈의 크기만큼 성장한다는 믿음을 가지고 있습니다. 그러나 다른 사람들의 회의적 시각 때문에, 혹은 비전을 달성하기 까지 겪어야 하는 역경과 고난 때문에, 많은 사람들은 그 꿈과 비전을 실현가능한 크기로 줄여나가면서 현실에 적응하곤 합니다. 정상에 오르겠다는 목표를 가진 사람에게 산은 높을수록, 오르기 힘들수록 매력이 있음을 기억하십시오.

목표가 크면 큰 노력이 뒤따른다

목표를 높은 곳에 두어야 한다. 똑같은 노력이지만 그것은 목표를 크게 가진 사람에게는 큰 곳을 향한 노력이 되고, 먹고 사는 일에 급급한 목표를 세운 사람에게는 작은 노력이 되고 만다. 스스로 못할 것이라고 생각하는 것은 자신을 속이는 가장 큰 거짓말임을 명심하라.

— 존 록펠러

촌철활인 | 한 치의 혀로 사람을 살린다

인간은 누구나 무한한 잠재력을 가지고 있습니다. 자신이 가진 무한 잠재력을 인식하고 소명에 바탕을 둔 큰 목표를 설정하여 꾸준히 개발하고 실천하면 누구나 100점짜리 인생을 살아갈 수 있습니다.

가능한 한 큰 꿈을 꾸세요

자신의 계획을 가능한 한 환상적으로 세우세요. 앞으로 25년 후면 그것이 평범하게 보일 것이기 때문입니다. 자신의 계획을 애초에 계획했던 것보다 10배는 크게 만드십시오. 앞으로 25년 후면 그것을 왜 50배 크게 하지 않았을까 하고 의아해 할 것입니다.

— 헨리 카티스

촌철활인 | 한 치의 혀로 사람을 살린다

자신이 할 수 있다고 생각하는 것보다 더 많은 것을 할 수 있는 사람은 없습니다.(헨리 포드) 불가능해 보이는 꿈을 현실화시키는 것은 불가능한 것을 꿈꾸는 것에서 시작합니다. 우리의 운명은 우리의 생각과 행동에 의해 결정됩니다.

큰 목표가 뇌를 움직인다

등산 하면서 산꼭대기까지 가려고 마음먹은 사람은 비록 꼭대기까지 못 가더라도 산허리까지는 갈 수 있다. 만약 산허리까지만 가려고 작정한다면 산 밑바닥을 채 벗어나지도 않은 채로 반드시 그치고 말 것이다.

– 조광조, 정민 저 '일침'에서

촌철활인 | 한 치의 혀로 사람을 살린다

"불가능한 것을 성취하려면 감히 상상할 수 없는 것을 생각해야 합니다. 최고를 기대하게 되면 최선을 이끌어낼 힘이 발산됩니다."(톰 로빈스) 우리 뇌는 작은 목표엔 굳이 변화의 필요성을 느끼지 못합니다. 뇌를 움직일 수 있을 정도의 큰 목표, 간절한 목표를 찾을 때 성취 가능성이 오히려 더 높아집니다.

작은 꿈은 아예 꾸지도 마라

작은 꿈은 아예 꾸지도 마라. 작은 꿈은 사람들의 피를 들끓게 하는 기적을 만들지 못하며, 따라서 실현되지도 못한다.

— 다니엘 버넘(미국 도시 건축가)

촌철활인 | 한 치의 혀로 사람을 살린다

모든 계획은 곤란한 문제나 변화에 대한 사람들의 태생적인 두려움과 맞서 싸워야 합니다. 작은 계획은 작은 두려움 앞에서 더 작게 조각날 수밖에 없습니다. 따라서 진정한 변화는 오직 크게 꿈꾸고, 원대한 계획을 세울 때에만 가능합니다.

목표가 대단할수록
성취 가능성이 높다

목표는 제한을 두지 않고 오히려 대단할수록 성취 가능성이 높다. 높은 목표일수록 변화에 대한 중요성을 인식하기 때문이다. 진정으로 하고 싶은 일과 자아 사이에 거리감이 클수록 그 간극을 좁히려는 의지가 보다 강하게 일어난다. 우리의 뇌는 작은 목표엔 굳이 변화의 필요성을 느끼지 않는다.

— 김재우(한국코치협회 회장), '지금 다시 시작할 수 있다'에서

촌철활인 | 한 치의 혀로 사람을 살린다

사람은 자기가 바라는 만큼 크게 마련입니다. 1등이라는 목표를 품는 순간 더 이상 쓸모없는 시간은 존재하지 않습니다. 1등 목표를 품은 사람은 하루 86,400초를 허투루 보내지 않습니다. 1등 목표를 잡는 사람은 그 순간 일상에 안주하려던 달콤한 유혹에서 박차고 일어나 불안한 미래와 당당히 상대하게 됩니다.

위대한 꿈을 가진 사람은
큰 문제와 싸운다

위대한 꿈을 가진 사람은 큰 문제와 싸웁니다. 인격의 크기는 바로 그가 붙들고 씨름하는 비전의 크기입니다. 그래서 도전적이고 열정적인 사람은 자신의 생애를 걸 수 있는 큰 문제를 붙듭니다.

– 황성주, '10대, 꿈에도 전략이 필요하다'에서

촌철활인 | 한 치의 혀로 사람을 살린다

마르쿠스 아우렐리우스는 "큰 꿈을 가져라. 오직 큰 꿈만이 영혼을 감동시킬 수 있다."라고 했습니다. 그렇습니다. 사람은 꿈의 크기만큼 자랍니다.

좋은 것은 위대한 것의 적이다

좋은 것은 위대한 것의 적이다. 좋은 사람, 좋은 학교, 좋은 정부, 좋은 기업들이 좋은 상태에 만족하기 때문이다. 위대한 기업이 되기 위해서는 가차 없이 엄격한 기준을 고수해야 한다. 좋은 행동과 성과의 용인을 그만 두어야 한다.

– 짐 콜린스, 'Good to Great'에서

촌철활인 | 한 치의 혀로 사람을 살린다

자기만족이야말로 가장 큰 적입니다. 어느 정도 성취한 기업들도 스스로를 채찍질하지 않으면 시장경쟁에서 금방 뒤지게 됩니다. 개인도 마찬가지입니다. 위대한 사람이 되기 위해선 무엇보다도 좋은 상황에 대한 만족을 포기하는 것이 우선입니다.

남과 다른
꿈을 찾자

남과 똑같이 하지 마라

다른 모든 사람들이 하고 있는 것을 그대로 따라만 해 가지고서는 탁월한 경제적 성과를 달성하는 것이 불가능하다. 또한 남들과 똑같이 행동함으로써(정상적이기를 바라면서), 비정상적인(탁월한) 결과를 기대할 수 없다. (You can't be 'normal' and expect 'abnormal' returns)

– 제프리 페퍼(스탠퍼드대 교수)

촌철활인 | 한 치의 혀로 사람을 살린다

탁월한 성과를 기대한다면, 남들과 뭐가 달라도 달라야 한다는 말씀. 너무나 당연하지만, 실천에 옮기기는 쉽지 않은 심오한 뜻을 가진 얘기입니다. 남다른 성공을 위해서는 자신만의 길을 개척해 나갈 수 있는 남다른 지혜와 용기가 필요합니다.

일등이 아닌, 남과 다른 길을 가라

우리나라는 올림픽과 예술을 혼동하고 있어요. 무조건 이겨야 한다고 밀어붙이고, 일등을 너무 좋아하는 거 같아요. 다름이 중요하지 누가 더 나은가는 문제가 아닙니다. 미로와 피카소는 그림이 서로 다른 것이지 누가 더 잘하는 게 아니지요. 다른 것을 맛보는 것이 예술이지 일등을 매기는 것이 예술이 아닌 것입니다.

— 백남준

촌철활인 | 한 치의 혀로 사람을 살린다

이 세상에서 나와 똑같은 사람은 단 한 사람도 없습니다. 그런 점에서 우리 모두는 이미 남과 다른 독창성을 가지고 있습니다. 그만큼 모두 다 귀하고 특별한 존재입니다. 남과 다른 새로운 길을 개척하면 그 길에서는 모두 다 일등이 됩니다.

보통 사람들과 다르게 하기

남들과 다르다는 이유만으로 꼭 필요한 사람이 되는 것은 아니다. 하지만 꼭 필요한 사람이 되는 유일한 방법은 남들과 달라지는 것이다. 남들과 다를 것이 없다면 무수한 사람들 중 한 명에 불과하다. 대체불가능한 사람만이 살아남을 수 있다.

– 세스 고딘

촌철활인 | 한 치의 혀로 사람을 살린다

아인슈타인의 글을 함께 보내드립니다. "불을 발견한 사람, 먹을 수 있는 식물을 처음 재배한 사람, 증기기관을 발명한 사람 등등. 보통 사람들과는 다르게 생각하는 창조적 인물들이 없었다면 사회는 발전하지 못했다. 달리 말하면, 사람의 개성을 키우지 않으면 사회는 진보할 수 없다."

소수를 따라가라

소수를 따라가라. 투자든 비즈니스든 다수를 따라가면 마음은 편하다. 하지만 큰 수익이나 결과는 기대할 수 없다. 지금의 소수가 앞으로도 소수인 것은 아니고, 오히려 그 반대가 더 많다는 것이 역사에서 나타난다.

– 박현주(미래에셋 회장)

촌철활인 | 한 치의 혀로 사람을 살린다

일반의 통념과는 다른 사고, 즉 역발상을 즐겨하는 개인과 기업이 탁월한 성과를 창출하는 경우를 자주 봅니다. 남들이 가지 않는 길을 가는 모험에 대한 대가가 생각보다 크다고 할 수 있습니다. 의도적으로 다수의 의견을 버리고 소수 의견을 따르는 습관만 갖게 되어도 승률이 높아질 수 있습니다.

남다른 탁월한 수익을 얻는 방법

다른 사람들과 같은 종목을 같은 시기에 투자한다면, 그 사람들과 같은 결과 밖에 얻지 못한다. 남들과 다르게 투자해야만 더 나은 성과를 얻을 수 있다. 모두가 팔려고 할 때 사고, 사려고 할 때 팔려면 대단한 용기와 인내가 요구되지만 이를 통해 더 높은 수익을 얻을 수 있다.

– 존 탬플턴(프랭클린 템플턴 인베스트먼트 설립자)

촌철활인 | 한 치의 혀로 사람을 살린다

역발상 마케팅으로 유명한 유준상 교수는 "상식은 독이나 바이러스와 같은 존재이며, 이러한 상식에 대해서는 해독제나 바이러스 예방백신이 필요하다. 재산가들 중에는 상식을 가진 사람이 드물다."라고 말합니다. 고정관념, 남을 따라 하는 것은 대개의 경우 부정적 산출물을 낳습니다.

널리 쓰이는 전략은 전략이 아니다

널리 쓰이는 전략은 이미 전략이라고 할 수 없다. 남들이 따라 하게 되면 그 전략은 무용지물이 된다. 남들이 완벽하게 따라 한다면 그 전략은 전혀 쓸모없어진다.

– '미래의 전략'에서

촌철활인 | 한 치의 혀로 사람을 살린다

한때 벤치마킹이 유행한 적이 있습니다. 세계 최고 기업을 철저히 분석해 좋은 것은 배운다는 의미에서, 지금도 벤치마킹은 필요합니다. 그러나 벤치마킹의 진정한 의미는 최고 기업, 잘하는 기업과 사람에서 배우되, 그대로 따라 하는 것이 아닌 뭐가 달라도 다르게 한다는 데에 있습니다.

경쟁이 없는 황무지를 개척하라

진화의 역사를 볼 때 가장 앞서가는 선두주자가 된 것은 생존 경쟁이 치열한 기존의 세계를 떠나서 새로운 삶의 세계를 개척한 종(種:species)이었다. 이런 진화의 역사가 곧 삶의 역사이고 역사는 오늘날까지도 계속되고 있다. 따라서 과당 경쟁을 뒤로하고 경쟁이 없는 황무지를 새로운 삶의 터전으로 개척하는 생존전략은 오늘날에도 가장 현명한 삶의 방식이다.

— 윤석철(교수), '경영학의 진리체계'에서

윤석철 교수는 '황무지 개척이 어려우면 차라리 3D, 즉 더럽고dirty, 어렵고difficult, 위험한dangerous 길이 차선책이 될 수 있다'고 주장합니다. 3D는 누구나 싫어하기 때문에 경쟁자가 없다는 논리입니다. 남들이 가지 않는 길을 택하라는 도전정신을 강조한 충언으로 이해합니다.

대체할 수 없는 사람만이 살아남는다

그렇다. 세상이 평평해지면 카스트 제도는 뒤집힌다. 인도에서 불가촉천민은 가장 낮은 계급이다. 그러나 평평한 세계에서는 모두가 대체할 수 없는 사람이 되어야 한다. '대체할 수 없는 사람'에 대한 나의 개념 정의는 '그의 일을 아웃소싱 할 수 없는 사람'이라는 뜻이다.

– 토머스 프리드만, '세계는 평평하다(The world is flat)'에서

촌철활인 | 한 치의 혀로 사람을 살린다

이제는 과거의 신분, 과거의 학력, 과거의 영광을 가지고 살아갈 수 있는 시대가 아닙니다. 모든 사람은 현재의 위치에서 자신을 '대체할 수 없는 사람'으로 만들어 놓아야 합니다. 평평한 세상에서는 내가 가진 지식과 경험을 계속 향상시켜가는 것이 생존의 필수조건입니다. 끝없는 평생학습이 필요한 또 하나의 이유입니다.

통념을 뒤집어라

혁신자는 타고난 반대론자이다. 혁신자는 매사에 의심을 한다. 모두가 당연시하는 것들을 의심해야 한다. 미래는 주류가 아닌 비주류를 통해 시작된다. 전례 없는 변화가 끝없이 일어나는 오늘날 창조적 파괴로부터 보호하는 유일한 방법은 스스로를 파괴하는 것이다. 그러기 위해 제일 먼저 업계 통념을 뒤집어야 한다.

– 게리 하멜, '지금 중요한 것은 무엇인가'에서

촌철활인 | 한 치의 혀로 사람을 살린다

진리의 적은 확신이라는 말이 있습니다. 공자 말씀을 다시 새겨봅니다. "많은 사람이 좋아해도 반드시 살펴야 하고, 많은 사람이 싫어해도 반드시 살펴야 한다. 큰 의심이 없는 자는 큰 깨달음이 없다."

모두가 반대하는 것에 도전하라

모두가 찬성하는 것은 대체로 실패하고 모두가 반대하는 것은 어떤 이유에서인지 모르지만 성공을 거둔다. 반대가 많은 만큼 그것을 실현했을 때는 어디에도 없는 새로운 부가가치를 창출하는 셈이 되므로 역으로 성공도 컸다.

– 스즈키 도시후미(세븐 일레븐 회장), '도전하지 않으려면 일하지 마라'에서

촌철활인 | 한 치의 혀로 사람을 살린다

남들도 다 알고 있는 것에서는 특별한 기회, 특별한 이익을 창출하기 어렵습니다. 누구나 볼 수 있는 기회는 이미 기회가 아닌 것입니다. 찬성이 많아야 안심이 되는 것이 인지상정이지만 미래신사업 개척에 있어서는 찬성이 압도적으로 많으면 일단 의심해 보아야 합니다. 안된다고 말하는 사람이 없는 사업은 미리 포기하는 것이 나을 수 있습니다.

확실한 것에는 기회가 없다

그래 맞네, 잘못된 길이지! 이렇게 '잘못된 길'만이 족적을 남길 수 있는 거야. 아직 단단하게 굳지 않은 땅, 즉 새로운 분야로 가야만 깊은 발자국을 남길 수 있다네. 이미 단단하게 굳은 땅, 그러니까 많은 사람들이 수없이 거쳐 간 곳에는 발자국이 찍히지 않아.

– 윤태익, '뜻길돈'에서

촌철활인 | 한 치의 혀로 사람을 살린다

1898년 스위스 취리히 국립공과대학을 다니던 시절, "어떻게 하면 과학계에서 발자취를 남길 수 있을까요?"라는 아인슈타인의 질문에 지도교수였던 수학자 민코프스키는 대답 대신 엉뚱한 길로 안내했습니다. "선생님, 혹시 엉뚱한 길로 들어오신 것 아닙니까?"라는 물음에 민코프스키 교수가 답한 것이 바로 위 내용입니다. 우리는 아무도 가지 않은 길을 두려워합니다. 그러나 확실한 길은 안전하지만 그곳에는 기회가 없습니다.

아이디어의 가능성을 확인하는 방법

내게는 엉뚱한 아이디어의 가능성을 확인하는 나름의 방법이 있다. 거리의 장사꾼에게 얘기를 했을 때 "아하 좋은 방법이군요."라는 답이 나오면 나는 흥미를 잃는다. "그렇게 하면 안돼요. 아무도 그런 식으로는 하지 않지요." 이런 대답이 나오면 나는 신바람이 난다.

– 마크 후버(월트디즈니 직원), '파란 코끼리를 꿈꿔라'에서

촌철활인 | 한 치의 혀로 사람을 살린다

남들과 같은 생각이면 성공도 실패도 그저 그런 수준에 머무릅니다. 남들은 생각지도 못하는 전혀 다른 방법론을 개발해야 큰 성공을 거둘 수 있습니다. 역사상 위대한 성공 중엔 당시에는 세인의 손가락질을 받은 것들이 많습니다. 남들과 다른 데서 신바람을 찾고 편안함을 느낄 수 있는 사람들이 많아지기를 바랍니다.

우선순위 결정을 위한 몇 가지 원칙

우선순위 결정에는 몇 가지 중요한 원칙이 있다. 그 원칙들은 모두 분석이 아닌 용기와 관련된 것들이다. 첫째, 과거가 아닌 미래를 선택할 것, 둘째, 문제가 아니라 기회에 초점을 맞출 것, 셋째, 평범한 것이 아닌 독자성을 가질 것, 넷째, 무난하며 쉬운 것이 아니라 변혁을 가져다주는 것이 그것이다.

– 피터 드러커, '결과를 위한 경영'에서

촌철활인 | 한 치의 혀로 사람을 살린다

이겨본 사람들이 잘 이기는 것처럼 성과창출도 일종의 습관입니다. 한번 성과를 낸 사람은 이후에도 계속 잘하는 반면, 초기에 성과를 내지 못하면 오랫동안 저성과 조직(혹은 사람)으로 남아 있을 가능성이 큽니다. 고성과 조직과 개인은 뭔가 특별한 원칙들을 가지고 있습니다. "문제가 아닌 기회에 초점을 맞춘다."와 같은 드러커 원칙은 잘 새길 필요가 있습니다.

비이성적인 것이 혁신을 만든다

이 세상에는 이성적인 인간과 비이성적인 인간 두 종류가 있다. 이성적인 인간은 세상에 적응한다. 비이성적인 인간은 세상을 자신에게 적응시키려고 발버둥 친다. 따라서 모든 혁신은 비이성적인 인간에 의해 일어난다.

– 조지 버나드 쇼

성공법칙 중 하나는 남과 다른 차별화된 방식, 즉 남들이 가지 않은 길을 가는 것입니다. 남들과 다른 길을 가게 되면 처음에는 마음이 편치 않습니다. "남들이 하지 않은 처음 일은 다 무모해 보인다. 그렇지만 처음부터 무모해 보이지 않는 생각은 아무런 희망이 없다."라는 아인슈타인의 말은 불편함을 감수하는 것이 또 다른 성공 법칙임을 일깨워 줍니다.

미술가들이
창의적일 수밖에 없는 배경

흔히들 미술가들이 창의적이라고 말한다. 미술가들은 첫째, 자기만의 독창성으로 남들과 차별화에 성공하지 못하면 살아남을 수 없는 경쟁 속에서 살아간다. 둘째, 그들은 규제와 울타리, 금기가 없는 곳에서 새로운 것을 창조하고 실험하고 혁신에 도전한다. 셋째, 그들은 자기가 가장 좋아하는 일을 즐기면서 창조에 몰입한다. 이것이 그들이 창의적일 수 있는 배경이다.

— 이명옥(사비나미술관 관장)

촌철활인 | 한 치의 혀로 사람을 살린다

창조성이 시대의 화두가 되고 있습니다. 창의성 제고를 위해서는 개인적인 노력과 학습 이외에 창조성이 발휘될 수 있는 문화와 조직을 건설하는 일 역시 중요합니다. 독창성을 기반으로 한 차별화, 혁신을 향한 무한 경쟁, 좋아하는 일에 몰두할 수 있는 여건 등은 미술계뿐만 아니라 사회 일반과 기업의 창의성 제고에도 적용되는 배경이라 할 수 있습니다.

멀리 보라,
집중하라

눈앞을 보기 때문에 멀미를 느낀다

눈앞을 보기 때문에 멀미를 느끼게 됩니다. 몇 백 킬로 앞을 보십시오.
바다는 기름을 제거한 것처럼 평온합니다. 저는 그런 장소에 서서 오늘을
지켜보고 사업을 하고 있기 때문에 전혀 걱정하지 않습니다.

— 손정의(소프트뱅크 회장)

촌철활인 | 한 치의 혀로 사람을 살린다

혼란스러울수록 멀리 보는 것이 중요합니다. 역사나 인생 모
든 것에는 항상 굴곡이 있을 수 밖에 없습니다. 높은 데서, 그리
고 멀리 떨어져서 보게 되면 변화무쌍한 세상도 질서정연하게
보일 수 있습니다. 현장을 제대로 파악함과 동시에 멀리 떨어져
서 미래를 내다보는 능력을 겸비해야만 성공하는 사람의 반열에
오를 수 있습니다.

미래로부터 역산해 현재의 행동을 결정한다

99%의 인간은 현재를 보면서 미래가 어떻게 될지를 예측하고 1%의 인간은 미래를 내다보면서 지금 현재 어떻게 행동해야 될지를 생각한다. 물론 후자에 속하는 1%의 인간만이 성공한다. 그리고 대부분의 인간은 1%의 인간을 이해하기 어렵다고 말한다.

– 간다 마사노리(일본 경영컨설턴트)

촌철활인 | 한 치의 혀로 사람을 살린다

하버드 대학 에드워드 밴필드 박사 역시 "우리 사회에서 가장 성공적인 사람은 10년 20년 후의 미래를 생각하는 장기적 시각을 가진 사람들이었다."라는 연구결과를 발표한 적이 있습니다. 어려운 때일수록 당장의 편의나 이익만을 생각하는 것이 아니라, 먼 미래적 관점에서 오늘 미리 무엇을 준비해야 할지를 바라보고 행동하는 지혜가 필요합니다.

250년 앞을 내다보고 설정된 목적

"마쓰시타 전기의 장기적인 목적을 어느 정도 멀리보고 정했습니까?" 라고 묻자, 마쓰시타 고노스케 회장은 "250년입니다."라고 답했고, "목적을 성취하려면 무엇이 필요합니까?"라는 질문에는 "끈기입니다."라고 말했다.

– '똑똑한 사람들의 9가지 경영원칙'에서

촌철활인 | 한 치의 혀로 사람을 살린다

"(계열사)사장님들은 10년 앞을 보고 경영을 하시오. 나는 100년, 200년 앞을 내다보는 일을 하겠소."라고 마쓰시타는 말했습니다. 많은 수업료를 지불하면서 배운 산지식 중, "조급하게 굴지 말고, 모든 것을 장기적 관점에서 살펴보라."라는 내용만큼 시간이 갈수록 절실해 지는 교훈은 없습니다.

멀리 내다봐라

연구결과, 우리 사회에서 가장 성공적인 사람은 장기적인 시각을 가진 사람들이었다. 성공한 사람들은 10년, 20년 후의 미래를 줄 곳 생각해 왔으며 이러한 긴 시간적 수평선 위에서 필요한 의사결정을 해온 사람들이다.

– 에드워드 밴필드

촌철활인 | 한 치의 혀로 사람을 살린다

장기적 시각을 갖는다는 것은 먼 미래에 대한 통찰력과 확실한 장기 목표(꿈)를 갖는 것 외에, 장기적 이익을 위해서 당장의 큰 손해를 감수할 수 있는 용기와 이를 꾸준히 실천해 나가는 끈기를 포괄하는 개념입니다.

미래 관점에서 현재를 보는 습관

미래관점에서 현재를 보는 습관이 나의 성공 비결이다. 이외에 균형감각, 소수게임(남들과는 다른 관점에서 보기), 즉 원칙을 염두에 두고 밝을 때는 그림자를, 어두울 때는 빛을 볼 수 있는 인식의 전환이 또 다른 성공 요인이다.

— 박현주(미래에셋 회장)

촌철활인 | 한 치의 혀로 사람을 살린다

산 위에서 바다를 보면 거대한 파도도 고요하게 보입니다. 멀리 하늘 위에서 육지를 보면 한눈에 모든 것이 들어옵니다. 이를 헬리콥터 뷰Helicopter View라고 합니다. 요즘 같이 혼란한 시기엔 작은 일에 일희일비하지 않으면서, 미래관점에서 현재를 보고, 헬리콥터 뷰를 견지하는 그런 지혜가 더욱 필요합니다.

멀리 보고 긴 호흡으로 임하라

내가 타인과 다른 점이 있다면 한 가지를 10년 단위로 한다는 것이다.
주식도 한번 매수하면 최소한 10년은 가지고 있다.

– 워렌 버핏

촌철활인 | 한 치의 혀로 사람을 살린다

승자는 승리하기까지 많은 시간이 걸린다는 것을 잘 알고 있는 사람들입니다. 그들은 뭔가를 얻기 까지는 사다리의 가장 낮은 곳에서부터 가장 높은 층을 향하여 한 계단 한 계단씩 꾸준히 올라가야 마침내 이상에 도달한다는 가장 평범한 진리를 잘 알고 있습니다. 멀리 보고 긴 호흡으로 꾸준히 나아가는 사람들이 승리의 월계관을 쓰게 됩니다.

멀리 보는 사람, 가까이 보는 사람

멀리 보는 사람은 풍요로워질 것이며 가까이 보는 사람은 빈곤해질 것이다. 멀리 보는 사람은 100년 후를 위해 삼나무를 심는다. 가을에 결실을 거둘 것을 알고 봄에 씨를 뿌리니, 곧 풍요로워질 것이다. 가까이 보는 사람은 가을에 결실을 보기에는 아직 시간이 많다 하여 봄에 씨를 뿌리지 않는다. 눈앞의 이익에 눈이 어두워 나무를 심지 않고 거두는 일에만 몰두하니, 곧 빈곤해질 것이다.

– 니노미야 손토쿠(일본 농정가이자 실천적 사상가)

촌철활인 | 한 치의 혀로 사람을 살린다

늘 멀리 내다보면서 가을을 기다리며 봄에 씨를 뿌리는 사람들, 10년 후 결과를 기다리며 제도를 만들고 과감히 투자하는 사람들, 100년 앞을 내다보며 묵묵히 나무를 심는 사람들, 그들이 있어 기업과 국가 그리고 세상은 조금씩 조금씩 살기 좋은 곳으로 바뀌어가고 있습니다.

자신의 그릇을 넓히는 사고의 3원칙

사고의 3원칙은 다음과 같다. 첫째, 눈앞에 보이는 것에만 집착하지 말고 긴 안목으로 멀리 볼 것. 둘째, 하나의 측면에 집착하지 말고 여러 가지 관점에서 볼 것. 셋째, 사물을 지엽적으로 겉만 보지 말고 본질을 파악할 것.

– 야스오카 마사히로(동양 사상가), '싸우는 조직'에서

촌철활인 | 한 치의 혀로 사람을 살린다

모든 것이 급격하게 변화하는 환경 속에서는 사물의 핵심을 빠르게 집어내는 능력이 매우 중요합니다. 이러한 남다른 통찰력을 갖기 위해선 자기 나름대로 사고의 원칙을 미리 익혀둘 필요가 있습니다. '멀리 보는 것', '다양한 관점으로 전체를 보는 것' 그리고 '외양보다는 본질을 꿰뚫어 보는 것'. 나만의 사고의 틀로 새겨둘 만합니다.

내가 아는 실패의 열쇠

나는 성공의 열쇠가 무엇인지는 모르지만, 실패의 열쇠가 무엇인지는 알고 있다. 그것은 모든 사람을 만족시키려고 하는 것이다.

– 빌 코스비(미국 배우)

촌철활인 | 한 치의 혀로 사람을 살린다

모든 사람의 욕구에 다 맞추려고 하다 보면 단 한 사람의 욕구도 충족시키지 못할 수도 있습니다. 여러 가지 일을 동시에 추진하다 보면 한 가지 일에서도 성공하기 힘든 것, 역시 같은 이치입니다. 고객, 업무, 사업, 제품 할 것 없이 전략적인 포기와 더불어 선택된 부분에 대해 집중할 줄 아는 지혜가 필요합니다.

백 개 좋은 아이디어에 노(no)라고 말하는 게 집중이다

사람들은 집중이란 집중할 것에 예스(yes)라고 말하는 것이라고 생각한다. 하지만 집중은 전혀 그런 게 아니다. 다른 좋은 아이디어 수백 개에 노(no)라고 말하는 게 집중이다. 실제로 내가 이룬 것만큼이나 하지 않은 것도 자랑스럽다. 혁신이란 1천 가지를 퇴짜 놓는 것이다.

– 스티브 잡스, 'CNN 선정 스티브 잡스 10대 명언'에서

피터 드러커 교수는 "보통 수준 기업들은 수익이 되는 것들을 선택하여 열심히 하려한다. 위대한 기업들은 반대로, 자신이 할 수 있는 최고의 분야에 집중한다. 자신이 최고로 잘할 수 있는 분야가 아니면, 선택하지 않는다. 이들은 자신들이 제일 해 보고 싶고, 또한 제일 잘할 수 있는 분야에만 집중한다."라고 포기와 집중의 원리를 설파한 바 있습니다.

소수의 일에 집중하라

단순성, 단순성, 단순성, 내가 말하노니 두세 개 정도의 일만 하라. 절대로 당신의 일거리가 백 개 천 개가 되지 않도록 하라. 더욱이 수백만 개가 되지 않도록 하고, 당신이 하는 일이 다섯 손가락 안에 있게 하라.

– 조지 소로스

일을 정말 열심히 하는데도 성과를 내지 못하는 사람들이 많습니다. 일 욕심이 많아서 하나도 제대로 못하는 경우가 대부분입니다. 렌즈가 불을 일으키는 힘은 집중에서 나옵니다. 진정한 욕심쟁이는 포기할 줄 아는 사람입니다. 회사도 마찬가지입니다.

한 가지 일에만 집중하면
누구나 성공할 수 있다

매일같이 당신도 무언가를 한다. 아침 7시에 일어나 밤 11시에 잠자리에 든다면 16시간의 이용 가능한 시간이 있다. 문제는 대부분의 사람들은 이 시간 동안 여러 가지 일을 한다는 것이다. 하지만 나의 경우, 한 가지 일에만 집중한다. 만약 한 가지 방향과 일에 열중할 수 있다면 성공할 것이다. 다만 열중할 수 있는 그 한 가지 일을 발견하지 못하고 있다는 사실이 문제다.

– 토마스 에디슨

촌철활인 | 한 치의 혀로 사람을 살린다

우리가 위인이라고 부르는 사람, 성공했다고 부러워하는 사람들은 누구도 따라올 수 없는 엄청난 집중력으로 자기 일에 몰두했고 그 결과 특별한 명예와 부를 차지한 사람들입니다. "자주 사람들이 쓸모없어지는 중요한 이유 중 하나는 그들이 자신의 전문직이나 소명을 무시한 채 여러 가지 대상이나 목적을 향해 관심을 분산시키기 때문이다."라는 나다니엘 애먼스의 글도 공유합니다.

집중력의 힘

많은 사람들이 정해진 시간을 한 가지 방향으로만 사용하고 한 가지 목표에만 집중한다면 그들은 성공할 것이다. 문제는 사람들이 다른 모든 것을 포기하고 매달리는 단 한 가지 목표를 갖고 있지 못하다는 것이다.

— 토마스 에디슨

촌철활인 | 한 치의 혀로 사람을 살린다

제대로 집중하면 6시간 걸릴 일을 30분 만에 끝낼 수 있지만 그렇지 못하면 30분이면 끝낼 일을 6시간해도 끝내지 못합니다.(아인슈타인) 집중해서 몰입할 때와 마지못해 일할 때의 생산성 차이는 하늘과 땅 차이만큼 큽니다. 시간과 공간을 잊어버리는 무아지경, 즉 몰입Flow상태에서 일하는 것이 그래서 매우 중요합니다.

집중력이 마법을 부립니다

아무리 약한 사람이라도 단 하나의 목적에 자신의 온 힘을 집중한다면 무엇인가 성취할 수 있지만 아무리 강한 사람이라도 힘을 많은 목적에 분산하면 어떤 것도 성취할 수 없다.

— 샤를 몽테스키외

누구나 어떤 조직이나 자원의 한계를 가지고 있습니다. 그래서 우리에게 전략이 필요한 것입니다. 전략은 선택입니다. 아니 선택보다는 포기라 하는 것이 보다 적합한 표현입니다. 가장 중요한 핵심만 남기고 나머지는 전부 포기할 수 있는 용기와 지혜가 탁월한 성과를 만들어 냅니다.

할 수 없는 일이 무엇인지 파악하라

자신이 누구인지, 또 자신이 할 수 있는 일과 할 수 없는 일이 무엇인지 알아야만 최선의 능력을 발휘할 수 있다. 만약 할 수 없는 일에 발목을 잡혀서 더 높이 날아가지 못하는 상황이라면 그 할 수 없는 일이 무엇인지 파악하라. 그것이 할 수 있는 일을 아는 것보다 훨씬 중요하다.

– 오프라 윈프리

촌철활인 | 한 치의 혀로 사람을 살린다

인생에서 성공하는 사람들은 자신이 평생을 바쳐 할 수 있는 일을 찾아내고 그 일에 집중해서, 날마다 조금씩 꾸준히 노력하는 사람들입니다. 행운이란 기회를 잡을 준비가 되어 있다는 뜻입니다. 행운을 기대하신다면, 일단 한번 멈춰 서서 진정으로 좋아하는 일, 진짜 잘할 수 있는 일을 찾아보고 나서 다시 시작해 보십시오.

초점을 맞춰라

초점을 맞추는 것의 힘은 빛을 통해서 알 수 있다. 넓게 흩어진 빛은 힘이나 영향력이 거의 없다. 하지만 빛의 초점을 맞추면 에너지를 모을 수 있다. 돋보기를 통해서 태양빛을 모아 잔디나 종이를 태울 수 있다. 레이저 광선처럼 빛이 더 강하게 한 초점으로 모아지면 강철도 뚫을 수 있다.

– 릭 워렌, '목적이 이끄는 삶'에서

빛이 한군데로 모여야 강력한 힘을 발휘하는 것처럼 우리 인생도 몰입과 집중이 이뤄질 때 비로소 성과가 나오기 시작합니다. 집중을 위해서 목적부터 명확히 해야 합니다. 목적을 알면 초점을 맞춘 삶을 살 수 있습니다. 목적은 열정을 낳습니다. 목적이 있고 초점이 맞춰진 삶만큼 강력한 것은 없습니다.

문제가 아니라 기회에 집중하라

문제를 보는 사람은 많다. 그러나 목표를 보는 사람은 소수다. 목표를 보는 사람들의 성공을 기록한 것이 역사이며, 문제를 보는 사람에게 주어지는 유일한 보상은 사람들에게 서서히 잊혀지는 것이다.

– 알프레드 몬타퍼트(Alfred Montapert)

촌철활인 | 한 치의 혀로 사람을 살린다

문제 해결은 '손해'를 예방하는 소극적인 차원이지만, 기회를 포착하고 인식하는 것은 '결과'를 만들어내는 적극적인 차원의 것입니다. 더욱 큰 성과를 내려면 관심과 역량을 문제해결이 아니라 기회활용에 우선적으로 투입해야 합니다. 리더는 어려움이 아니라 기회에 집중할 수 있어야 합니다.

조영탁의 행복한 경영이야기
꿈·비전 편

꿈을 현실로

구체적인 계획이 꿈을 현실로 만든다

공표하고 실행하라

꿈의 크기만큼 장벽도 커진다

구체적인 계획이
꿈을 현실로 만든다

인생의 성공을 가져오는 10/90룰

　나는 왜 다른 사람이 나보다 더 큰 성공을 거두는지 그 이유를 찾기 시작했다. 그러자 도처에서 답이 나왔다. 그리고 그 이유를 내 생활에 적용하자 다른 사람들과 똑같은 결과를 올리게 되었다. 인생에는 10/90법칙이라는 것이 있다. 이 법칙은 어떤 분야든 성공에 필요한 기본 법칙, 원칙, 규칙, 방법, 테크닉을 발견하기 위해 투자한 10% 시간이 목표를 달성하는 데 필요한 시간과 노력의 90%를 절약해 준다는 것이다.

– 브라이언 트레이시

촌철활인 | 한 치의 혀로 사람을 살린다

　성공의 90%는 실천에서 나온다고 믿습니다. 그러나 그 90%는 성공의 법칙을 찾고, 그에 따른 전략과 실행계획을 짜는 10%에 의해 크게 좌우될 수밖에 없습니다. 진정으로 성공을 원하신다면 성공의 법칙을 찾는 데 10%를 우선 투자해 보시기 바랍니다.

막연한 계획은
아무런 결과도 가져오지 못한다

구체적인 목표는 구체적인 결과를 가져온다. 그러나 막연한 계획은 막연한 결과를 가져오는 것이 아니다. 막연한 계획은 아무런 결과도 가져오지 못한다.

– 강헌구('아들아 머뭇거리기에는 인생이 너무 짧다' 저자)

촌철활인 | 한 치의 혀로 사람을 살린다

구체적이면서 눈에 보이는 확실한 개인 비전의 수립이야 말로, 자신을 리더로 성장시키는 첫 번째 요인입니다. 10~15년 후의 명확한 비전을 책상 위에 써서 걸어놓지 않고는 성공하기를 포기해야 한다는 것도 명백한 사실이 아닌가 합니다.

목표를 정하기 전에 반드시 점검할 것

인생의 목표를 정하기 전에 반드시 다음 4가지를 점검해보아야 한다. 첫째, 자신이 정말 잘하는 것(재능). 둘째, 정말 하고 싶은 것(열정). 셋째, 사회가 원하는 것(수요). 넷째, 옳다는 확신이 드는 것(양심)을 적어보는 것이 바로 그것이다.

— 션 코비(프랭클린 코비사 부사장)

촌철활인 | 한 치의 혀로 사람을 살린다

위 4가지의 교집합이 자신의 능력을 최대로 발휘할 수 있는 분야가 됩니다. 사회 구성원 하나하나가 자신이 가장 하고 싶고, 또 가장 잘할 수 있고, 사회적으로 가치 있는 일에 매진한다면 모두가 행복해지는 세상을 만들어갈 수 있습니다.

SMART한 목표 설정

Specific (구체적일 것): 정확히 무엇을 달성하려는가? Measurable (측정할 수 있을 것): 목표 달성 여부를 어떻게 판단할 것인가? Achievable (달성할 수 있을 것): 직원들이 해낼 수 있는 일인가? Realistic (현실성): 해당 상황에서 가능한 일인가? Time-based (시기): 언제쯤 목표를 달성할 것인가?

- 빌 게이츠

촌철활인 | 한 치의 혀로 사람을 살린다

우리는 늘 목표를 설정하면서 생활하고 있습니다. Hope is not a Strategy라는 말도 있습니다. SMART한 목표 설정은 우리에게 많은 시사점을 주고 있습니다. 책상 앞에 적어 놓을 만한 글귀입니다.

기한 없는 목표는 총알 없는 총이다

기한 없는 목표는 탁상공론이다. 기한이 없으면 일을 진행시켜주는 에너지도 발생하지 않는다. 당신의 삶을 불발탄으로 만들지 않으려면 분명한 기한을 정하라. 기한을 정하지 않는 목표는 총알 없는 총이다.

– 브라이언 트레이시

촌철활인 | 한 치의 혀로 사람을 살린다

목표라는 단어 자체에 기한이 포함되어 있습니다. 다시 말해 기한이 있어야만 목표라 할 수 있습니다. 기한이 있어야 목표가 뚜렷해져, 에너지가 생기고 몰입하게 되며, 그 결과로 성과가 나오는 것입니다. 기한 없는 목표는 아무런 쓸모가 없는 펑크 난 타이어와 같습니다.

1%의 시간을
계획하는 시간으로 투자하라

당신의 하루는 1,440분으로 이루어져 있다. 하루 가운데 단 1%의 시간을 학습, 생각, 그리고 계획하는 시간으로 투자하라. 그러면 이 14분이 당신에게 가져다주는 보상에 놀라게 될 것이다.

– 컬린 터너

촌철활인 | 한 치의 혀로 사람을 살린다

세계적인 영향력이 있는 위대한 인물들은 꽤 많은 시간을 혼자 지내면서 신중하게 생각하고, 명상하고, 귀 기울였습니다. 그들은 혼잡한 시간을 떠나, 일부러 시간을 내서 자신을 가장 잘 알고 있는 사람, 즉 자기 자신과 회의하는 시간을 갖습니다. 이들은 혼자만의 시간을 이용하여 문제의 단편들을 모으고, 해결책을 마련하기 위해 노력하고, 계획하고, 자신 내부에서 우러나오는 생각에 귀를 기울입니다. 매일 짧은 시간만이라도 혼자 있는 시간을 가져보세요.

15:4의 법칙

시작하기 전에 15분 동안 무엇을 할 것인지 생각하면, 나중에 4시간을 절약할 수 있다. 미리 하루의 일을 생각해서, 우선순위를 정하고 하루의 업무를 조직화한 사람은 생각 없이 하루를 보내는 사람들보다 성공할 가능성이 훨씬 놓다. 그러므로 자신과 직원들의 시간을 절약하고 효율을 높이기 위해 15:4의 법칙을 따르라.

– 제임스 보트킨

촌철활인 | 한 치의 혀로 사람을 살린다

성공하는 사람들은 늘 먼저 큰 그림을 그리는 반면, 실패하는 사람들은 생각 없이 바로 일에 착수하는 습관을 가지고 있습니다.

"장작을 패는 데 쓸 수 있는 시간이 8시간이라면, 나는 그중 6시간 동안 도끼날을 날카롭게 세울 것이다."라는 링컨의 말을 실천하는 사람이 성공에 가까이 갈수 있는 사람입니다. 아주 작은 습관의 차이가 성패를 가릅니다.

목표를 잘게 나누면 계획이 된다

꿈을 날짜와 함께 적어 놓으면 그것은 목표가 되고, 목표를 잘게 나누면 그것은 계획이 되며, 그 계획을 실행에 옮기면 꿈은 실현되는 것이다.

– 그레그 S. 레이드(Greg S. Reid)

목표를 설정할 때 마술은 시작되는 것입니다. 목표를 설정하는 바로 그 순간, 스위치가 켜지고 물이 흐르기 시작하고 성취하려는 힘이 현실화되는 것입니다. 글로 쓴 구체적인 꿈은 우리의 목표를 달성하게 합니다. 그러나 막연한 계획은 막연한 결과를 가져오는 것이 아니라, 아무런 결과도 가져오지 못합니다.

공표하고
실행하라

무한 잠재력 극대화를 위해 해야 하는 두 가지 일

나는 꿈이 없고 비전이 없는 사람은 쓸모없다고 생각해 왔지만 자신의 꿈과 비전을 조금이라도 실현하기 위해 행동을 바꾸는 실제적인 노력이 없다면 그 역시 쓸모없는 사람이다.

— 시어도어 루스벨트

촌철활인 | 한 치의 혀로 사람을 살린다

사람은 누구나 무한한 잠재력을 가지고 태어납니다. 그러나 어떤 이는 5점짜리 인생을, 다른 이는 50점짜리, 또 다른 누군가는 100점짜리 인생을 살기도 합니다. 원대한 꿈과 비전, 그리고 매일 매일 꾸준한 실천, 이 두 가지가 무한 잠재력을 극대화하는 열쇠입니다.

글로 쓴 목표가 성취를 가져온다

우리 중 약 95%의 사람은 자신의 인생 목표를 글로 기록한 적이 없다. 그러나 글로 기록한 적이 있는 5%의 사람들 중 95%가 자신의 목표를 성취했다.

— 존 맥스웰

촌철활인 | 한 치의 혀로 사람을 살린다

유사한 결과를 보여주는 많은 연구결과가 있습니다. 결론은 매우 단순합니다. "크고 원대한 꿈, 가능한 한 구체적인 꿈을 꿔라. 그 꿈을 혼자 간직하는 대신 만천하에 공개하라. 매일 매일 그 비전을 글로 써라. 비전 달성을 위해 열과 성을 다하라. 그 비전은 어느새 현실이 된다."

꿈은 반드시 기록하십시오

당신이 목표로 하는 것들을 기록하지 않는다면 당신은 뿌려지지 않은 씨만을 가진 것이다. 두렵거나 게으름 때문에 목표가 없거나 희미한 목표를 가진 사람에게는 작은 일도 이룩하기 어렵다. 뜻을 세운다는 것은 목표를 선택하고 그 목표에 도달하도록 행동과정을 결정하는 것이다. 결정한 다음에는 목표에 도달할 때까지 결정한 행동을 계속하면 된다. 중요한 것은 행동이다.

— 마이클 핸슨(수학자)

촌철활인 | 한 치의 혀로 사람을 살린다

무모한 꿈이라도 꿈을 가지지 않은 것보다는 낫습니다. 꿈과 목표는 종이에 적어 항상 보이는 곳에 두어야 합니다. 꿈이 있을 때 비로소 자기주도적 학습과 남과 다른 특별한 노력이 시작됩니다. 목표와 노력, 노력과 성공은 매우 긴밀한 상관관계를 갖고 있습니다.

꿈 쓰기 기술

나는 평생 동안 1. 목표를 종이에 적는다. 2. 하루 두 번(기상 후, 취침 전) 종이에 쓴 목표를 큰 소리로 외친다는 두 가지 원칙을 실천했다. 그 결과, 1주일에 1달러 20센트를 받던 면화공장 노동자에서 개인 재산만 4억 달러 넘게 소유한 거부로 성장하게 되었다.

— 앤드류 카네기(강철왕)

촌철활인 | 한 치의 혀로 사람을 살린다

이것을 '꿈 쓰기 기술'이라고 합니다. 내용은 간단합니다. 매일 매일 종이에 자신의 꿈을 쓰고 그 꿈을 이루기 위해 노력한다면 언젠가는 종이에 쓴 것이 전부 이루어진다는 것입니다. 꿈을 쓰거나 읽을 때 종이에 적힌 꿈이 이미 실현되었다고 생각하는 것이 중요하다고 나폴레온 힐은 강조합니다.

마음속에 간절하게 새기면
그대로 이루어진다

마음에 품는 것은 마음속에 원하는 삶의 이미지를 그리는 것이다. 패배와 실패의 이미지를 그리는 사람은 실패자의 인생을 살게 된다. 그러나 승리와 성공, 풍요로움, 기쁨, 평화, 행복의 이미지를 떠올리는 사람은 아무리 큰 장애물이 있더라도 반드시 그런 인생을 살게 된다.

– 김쌍수(전 한전사장), '5%는 불가능해도 30%는 가능하다'에서

촌철활인 | 한 치의 혀로 사람을 살린다

하버드대 윌리엄 제임스 교수에 따르면 "이루고 싶은 모습을 마음속에 그린 다음 충분한 시간 동안 그 그림이 사라지지 않게 간직하고 있으면, 반드시 그대로 실현된다."라고 합니다. 그는 이것을 "심리학의 하나의 법칙이다."라고 강조합니다.

결단하면 신이 돕기 시작한다

최선을 다하고자 결심하는 순간, 신도 감동을 받는다. 결코 상상할 수 없는 여러 가지 일들이 나를 도와준다. 결정의 순간을 시작으로 수많은 사건들이 일어나며, 어떤 누구도 자신에게 이런 일이 일어날 거라고 생각하지 못했던 온갖 종류의 예기치 않던 사건들과 만남과 물질적 원조가 나의 힘이 되어준다.

– 요한 볼프강 폰 괴테

촌철활인 | 한 치의 혀로 사람을 살린다

"재능 있는 사람이 가끔 무능하게 행동하는 것은 그 성격이 우유부단한 데에 있다. 망설이는 것보다 실패가 낫다."(버트란트 러셀) 고민이란 어떤 일을 시작했기 때문에 생기기보단 할까 말까 망설이는 데서 더 많이 생깁니다. 모든 일은 망설이는 것보다 불완전한 상태로 시작하는 것이 한 걸음 앞서는 것이 됩니다.

간절한 염원이 결집되면
기적이 일어난다

　인디언 격언에 어떤 말을 1만 번 이상 되풀이하면 반드시 미래에 이루어진다는 말이 있다. 그냥 말만 하면 다 이뤄진다는 게 아니라 1만 번씩이나 그렇게 말하는 정성과 열정이 있다면 이루어질 수밖에 없다는 뜻이다. 기적은 저절로 일어나는 게 아니다. 염원이 결집되어 만들어지는 것이다.

– 김홍신, '그게 뭐 어쨌다고'에서

촌철활인 | 한 치의 허로 사람을 살린다 •

　아리스토텔레스는 "광기가 섞이지 않은 위대한 재능은 없다."고 했습니다. 광기는 열정, 집념, 정성을 말합니다. 절실하게 원해야 얻을 수 있습니다. 뭔가를 이루기 위해 뼈에 사무치도록 원하고, 이러다 죽어도 좋다고 할 만큼 전력을 다하고, 매일 밤 꿈속에 나타날 정도가 된다면 기적을 맛볼 수 있을 것입니다.

영순위는 반드시 이뤄진다

절실히 원하는 것은 이루어지게 되어있다. 여러분의 마음속에 영순위는 반드시 이루어진다. 아직도 못 이뤄진 것은 영순위가 안 되었기 때문이다.

— 게이트, '깨달음의 연금술'에서

촌철활인 | 한 치의 혀로 사람을 살린다

뭔가 꿈꾸는 것이 이뤄지지 않을 때, 핑계거리를 찾고 환경을 탓하기 전에 우선순위를 살펴보십시오. 우선순위 가지고는 안 됩니다. 1순위 가지고도 안 됩니다. 영순위여야 합니다. 그러면 꿈꾸는 모든 것을 이뤄낼 수 있습니다. (송길원, '2% 다르게 사는 법'에서)

목표에 정성을 쏟으면
목표도 사람에게 정성을 쏟는다

목표에 정성을 쏟으면 목표도 그 사람에게 정성을 쏟는다. 계획에 정성을 쏟으면 계획도 그 사람에게 정성을 쏟는다. 무엇이든 좋은 것을 만들어 내면 결국 그것이 그 사람을 만드는 법이다.

– 짐 론

촌철활인 | 한 치의 혀로 사람을 살린다

만일 누군가 하나의 인생길에 헌신하기로 결심을 하면 세상에서 가장 강력한 힘이 그를 도와주게 됩니다. 우리는 그것을 마음의 힘이라 부릅니다. 일단 이와 같이 헌신을 하게 되면 그 무엇도 성공에 이르는 것을 막을 수 없게 됩니다.

목표가 이미 이루어졌다고 상상하라

목표가 있거든 그것이 이미 성취된 것처럼 무의식에 새겨 넣어라. 목표가 이미 이루어졌다고 상상하는 사이, 내면의 마음은 당신이 원하는 마지막 결과를 만드는 작업에 착수할 것이다.

— 앤드류 매튜스

촌철활인 | 한 치의 혀로 사람을 살린다

아주 오래전에 아리스토텔레스는 "머릿속으로 자신이 바라는 것을 생생하게 그리면 온몸의 세포는 모두 그 목적을 달성하는 방향으로 조절된다."라고 말했습니다. 그렇습니다. '삶은 여러분이 써 나가는 이야기'입니다. 목표와 신념을 적으면 여러분의 두뇌는 그것에 집중할 것입니다.(앙리에뜨 클라우치도)

사람들에게 목표를 말하고 다녀라

나는 10대 때부터(남들이 허풍이라 할 정도의) 터무니없어 보이는 목표를 공개적으로 밝혀 호언장담하는 버릇이 있었다. 일단 공언하면 자신을 궁지로 몰아넣게 되고 강한 책임감을 느끼게 된다. 조직에 목표를 공언하고 그 목표를 달성해 보이겠다는 결의로 주위 사람들을 이끄는 것, 이것이 리더십이다.

– 손정의(소프트뱅크 회장), '손정의의 선택'에서

촌철활인 | 한 치의 혀로 사람을 살린다

손정의 회장은 "불언실행不言實行은 쉽다. 반면 공언해 놓고 달성하지 못하면 창피를 당한다. 그럼에도 불구하고 공언해야 한다. 그 정도로 자신을 몰아넣지 않으면 인생은 순식간에 지나가버려 평범한 인생으로 끝나고 말 것이다."라고 말합니다.

반복하여 주문을 외우면
어느새 현실이 된다

꿈, 몇 안 되는 미래형 명사. 처음엔 '꾸다'라는 동사와 붙어 지내지만 꾸다, 꾸다, 꾸다, 꾸다 반복하여 주문을 외우면 어느새 '이루다'라는 동사와 붙어 있다.

– 정철, '머리를 9하라'에서

촌철활인 | 한 치의 혀로 사람을 살린다

"어떤 말을 만번 이상 되풀이 하면 미래에 그 일이 이루어진다."라는 인디언 속담이 있습니다. TYK 김태연 회장은 "집을 나설 때 어디로 가야할지 머릿속에 그리고 있듯이, 자신만의 목표를 늘 머릿속에 담고 이를 30초 안에 말할 수 있어야 한다."라고 강조합니다. 꿈에서조차 말할 수 있는 확실한 목표가 성공을 일궈내는 마법의 주문이 됩니다.

될 수 있는 한 자주 희망을 말하라

희망을 말하라. 될 수 있는 한 자주 떠벌려라. 희망을 글로 적어라. 가능한 한 또박 또박 반복해서 적어라. 희망을 선포하라. 혼자 우물우물 속삭이지 말고 만천하에 공표하라. 그것이 더 큰 성취의 파장을 일으킬 것이다.

— 차동엽(신부), '뿌리 깊은 희망'에서

촌철활인 | 한 치의 혀로 사람을 살린다

영국의 소설가이며 시인인 로버트 루이스 스티븐슨은 이렇게 말했습니다. "희망은 영원한 기쁨이다. 희망은 사람이 소유하고 있는 토지와 같다. 해마다 수확이 있고 결코 바닥나지 않는 확실한 재산이다." 인간은 끊임없이 희망을 품는 존재입니다. 그 희망이 인간을 인간답게 하는 가장 대표적인 특성입니다.

먼저 꿈을 꾸고 자신을 세뇌시킨다

일단 꿈을 꾼다. 자신을 세뇌시킨다. 말로 되뇌어 주변 사람들을 당황하게 만들고, 자기 확신을 불어 넣는다. 망신당하지 않기 위해 하나하나 저질러 나간다. 웬만한 어려움에도 끄떡하지 않는다. 어렵더라도 표시를 하지 않고 자신 있게 밀고 나간다.

– 한근태(서울종합과학대학 교수)

그렇게 하면 꿈은 이뤄집니다. 아무리 현실이 어렵더라도 꿈과 희망이 있는 한, 사람은 쉽게 좌절하거나 포기하지 않기 때문에 결국에는 그 꿈을 이루게 됩니다. "목표가 확실한 사람은 아무리 거친 길에서도 앞으로 나갈 수 있지만, 목표가 없는 사람은 아무리 좋은 길이라도 앞으로 나갈 수 없습니다."(토마스 칼라일)

결심하면 길이 열린다

당신 앞에는 어떠한 장애물도 없다. 망설이는 태도가 가장 큰 장애물이다. 결심을 가지면 드디어 길이 열리고 현실은 새로운 국면으로 접어든다.

- 러셀

마키아벨리는 "이 세상에서 가장 나쁜 지도자는 잘못된 결정을 내리는 사람이 아니라, 결정을 내리지 못하는 사람이다."라고 했습니다. 나폴레온 힐 역시 "실패의 최대 원인은 결단력의 결여"라고 말했습니다. 결단하면 길이 열립니다.

성공에는 두 가지만 있으면 된다

성공의 비결? 두 가지만 있으면 된다. 첫째, 자기가 원하는 게 뭔지 명확히 결정하는 것이다. 대다수 사람들은 늘 어정쩡하다. 둘째, 그것을 얻기 위해 지불해야 할 대가를 정한 후에 그 대가를 지불하겠다고 결심하는 것이다.

– 해럴드슨 헌트(석유 부호)

촌철활인 | 한 치의 혀로 사람을 살린다

윌리엄 제임스 하버드대 심리학 교수의 글을 함께 보내 드립니다. "어떤 결과를 바라는 마음이 절실하면 바라는 결과에 도달할 수 있다. 선인이 되길 바라면 선인이 될 것이요. 부자가 되길 바란다면 부자가 될 것이고, 학자가 되고 싶다면 학자가 될 수 있다. 그러기 위해서는 목적 외에 이것과 양립할 수 없는 일을 버리고 목적만을 진실로 염원해야 한다."

어려울수록 목표를 놓지 마라

목표는 주의를 집중하는 것이다. 인간의 의식은 분명한 목적을 갖기 전에는 목표의식을 향해 움직이지 않는다. 목표를 설정할 때 성공은 이미 시작되는 것이다. 목표를 설정하는 순간 스위치가 켜지고 물이 흐르기 시작하고 성취하려는 힘이 현실화되는 것이다.

– 린 데이비스

촌철활인 | 한 치의 혀로 사람을 살린다

"모든 것을 실현하고 달성하는 열쇠는 목표설정입니다. 목표를 명확하게 설정하면 그 목표는 신비한 힘을 발휘합니다. 또 달성시한을 정해놓고 매진하는 사람에게는 오히려 목표가 다가옵니다. 목표는 불타는 욕구와 강렬한 자신감을 불러일으키고 확실한 결정을 내리도록 돕게 됩니다."(폴 마이어) 어려울 때일수록 목표의 끈을 놓지 않는 끈기가 필요합니다.

꿈을 놓치지 마라

꿈을 놓치지 마라. 꿈이 없는 새는 아무리 튼튼한 날개가 있어도 날지 못하지만 꿈이 있는 새는 깃털 하나만 갖고도 하늘을 날 수 있다.

– 강수진, '나는 내일을 기다리지 않는다'에서

촌철활인 | 한 치의 혀로 사람을 살린다

과녁을 향해 화살을 쏜다 해서 100% 명중되는 것은 아닙니다. 그러나 과녁을 겨누지 않고 화살을 쏘면 100% 빗나갑니다. 꿈은 곧 과녁입니다. 꿈은 곧 에너지의 원천입니다.

초점 유지가 성공의 핵심

초점을 유지 하는 것이 성공의 핵심이다. 자신의 능력 한계를 이해하고 그곳에 에너지와 시간을 투자해야 한다. 어떤 능력을 갖추고 있든 오직 초점을 통해서만 세계적인 업적을 남길 수 있다고 생각한다.

– 빌 게이츠

촌철활인 | 한 치의 혀로 사람을 살린다

MS 성공 신화 이면에 '명확하고 일관된 초점 맞추기'가 있음을 알 수 있습니다. 기업가들은 공통적으로 일에 대한 넘치는 욕망을 가지고 있습니다. 그러나 승부는 일의 량量이 아닌, 송곳처럼 집중된 에너지에 의해 결정됩니다. 집중하지 못할 바엔, 과감하게 포기할 줄 아는 지혜가 필요합니다.

하나의 꿈을 이루고
싶어 하는 사람은

하나의 꿈을 이루고 싶어 하는 사람은 한군데로 초점을 맞추고 꾸준히 노력해야 하며, 완벽함을 기대해야지 중간 지점이나 평범함과 타협해서는 안 된다. 자신이 갈 수 있다고 생각하는 것보다 훨씬 더 먼 곳으로 계속 밀고 나간다면, 틀림없이 가슴에 품은 꿈을 이룰 수 있다.

― 에스티 로더(화장품 회사 에스티 로더 창업 회장)

촌철활인 | 한 치의 혀로 사람을 살린다

사자가 얼룩말을 사냥할 때 무리 속으로 무작정 뛰어드는 듯하지만 미리 특정 표적을 갖고 있으며, 앞에서 다른 말들이 이리저리 뛰어다녀도 사자의 눈은 첫 목표물에 고정되어 있다고 합니다. 첫 목표물에 비해 더 먹음직스러운 얼룩말을 발견하더라도 표적을 바꾸지 않는데, 이는 두 마리 다 놓치는 방법이기 때문입니다.

바로 지금 하고 있는 일에 집중하라

사람은 동시에 두 마리의 말을 탈 수 없으므로 이쪽 말을 타기로 결정했으면 반드시 다른 한쪽의 말을 버려야 한다. 똑똑한 사람은 무엇을 하기로 결정하면 다른 일에 에너지를 분산시키지 않고 그 일에만 매진해서 좋은 결실을 맺는다.

– 알프레드 베게너(판구조론으로 유명한 독일 기상학자)

촌철활인 | 한 치의 혀로 사람을 살린다

집중력은 성공의 배후에 있는 이름 없는 영웅으로서 모든 성공한 인사들에게서 공통적으로 찾아볼 수 있는 특징입니다. 성공을 위해선 집중력의 70%를 자신의 장점을 더 개발하는데, 25%를 새로운 것을 배우는데, 집중력의 5%를 자신의 약점을 보완하는데 할애하는 것도 하나의 방법입니다.('35세 전에 꼭 해야 할 33가지'에서)

하루하루를 인생의 마지막 날처럼 산다면

17살 때 읽은 "하루하루를 인생의 마지막 날처럼 산다면, 언젠가는 바른 길에 서 있을 것이다."라는 경구에 감명 받아 50살이 되도록 매일 아침 거울을 보면서 스스로 묻는다. "오늘이 내 인생의 마지막 날이라면, 지금 하려고 하는 일을 할 것인가? 아니오!"라는 답이 계속 나온다면, 다른 것을 해야 한다는 걸 깨달았다.

– 스티브 잡스, 스탠포드대 졸업식 축사 중에서

촌철활인 | 한 치의 혀로 사람을 살린다

인생은 분명 유한有限한데, 영원히 살 것처럼 하루를 살아가는 사람들이 많습니다. 톨스토이의 명언을 함께 살펴보세요. "죽음을 망각한 생활과 죽음이 시시각각으로 다가옴을 의식한 생활은 두 개가 서로 완전히 다른 상태이다. 전자는 동물의 상태에 가깝고, 후자는 신의 상태에 가깝다."

포기하지 않는 자가 결국엔 승리한다

인생은 평화와 행복만으로는 지속될 수 없다. 고통과 노력이 필요하다. 고통을 두려워하지 말고 슬퍼하지 말라. 참고 인내하면서 노력해 가는 것이 인생이다. 희망은 언제나 고통의 언덕 너머에서 기다린다.

― 맨스필드

촌철활인 | 한 치의 혀로 사람을 살린다

앤 브래드스트리트의 글도 함께 감상해보세요. "우리 삶에 만일 겨울이 없다면 봄은 그다지 즐겁지 않을 것이다. 만일 우리가 때때로 역경을 경험하지 못한다면 번영은 그리 환영받지 못할 것이다."

실패는 능력에 맞춰
목표를 낮춘 결과입니다

성공은 목표까지 능력을 끌어올린 결과이고, 실패는 능력에 맞춰 목표를 낮춘 결과입니다. 목표가 흔들리지 않으면 능력이 늘 목표를 따라갑니다.

– 조정민, '사람이 선물이다'에서

촌철활인 | 한 치의 혀로 사람을 살린다

내 삶에 한계를 설정하면 나는 날마다 도망갈 수 있습니다. 그러나 내 삶의 한계를 인정하지 않으면 날마다 더 높은 곳을 향해 도전할 수 있습니다. 도망이냐? 도전이냐? 선택은 내가 하는 것입니다.

작게 성공한 자와
크게 성공한 자의 차이

약간의 성공을 거둔 사람들은 대부분 타고난 재능이 있어야 성공을 거둘 수 있다고 생각한다. 하지만 진정으로 성공한 사람들은 어떤 목표를 향해 끊임없이 노력한 사람만이 성공을 거둘 수 있다고 생각한다.

– 톰 스템버그(스테이플스 창립 회장)

촌철활인 | 한 치의 혀로 사람을 살린다

그렇습니다. 단기적인 성공은 타고난 재능과 관련이 있지만 장기적 성공은 노력, 인성과 더 깊은 연관성을 가지고 있습니다. 단기적 관점에서의 재능은 타고나는 것이지만 중장기적 관점의 재능은 끝없는 훈련의 결과물입니다.

행복하고 성공한 사람들의 비밀

행복하고 성공한 사람들은 다음 3가지를 갖추고 있다. 첫째는 과거에 감사하고, 둘째는 미래의 꿈을 꾸고, 셋째는 현재를 설레며 산다.

– 모치즈키 도시타카, '내일을 바꾸는 3분 습관'에서

촌철활인 | 한 치의 혀로 사람을 살린다

"행복한 사람은 지나온 자신의 생애에서 만족한 일만 기억하는 사람들이며, 불행한 사람은 그 반대를 기억하며 사는 사람들입니다."(하기와라 사쿠타로)

인간의 뇌는 즐거운 일은 즐거운 일끼리, 싫은 일은 싫은 일로만 네트워크를 형성한다고 합니다. 즐거움의 도미노를 먼저 무너뜨리는 멋진 하루 하루 만들어 보시기 바랍니다.

헌신에는 신의 섭리가
빛어내는 결실이 따른다

모든 시작과 창조 활동에는 한 가지 진실이 있다. 진정으로 자신의 모든 것을 바쳐 완전히 헌신했을 때 하늘도 움직인다. 예전에는 발생하지 않았던 그 모든 것들이 그 사람을 돕기 위해 발생한다. 모든 일은 결심에서 시작되며 이전에 그가 믿지 않았던 사건들이나 만남 그리고 모든 물질적 수단들이 그에게 이익이 되고 일이 잘되도록 도와준다.

– W. H. 머레이(히말라야 탐험가)

촌철활인 | 한 치의 혀로 사람을 살린다

꿈이 없으면 꿈은 이루어지지 않습니다. 꿈이 없으면 아무런 원동력이 없기 때문입니다. 그러나 노력과 헌신 없이는 아무리 아름다운 꿈도 물거품이 되고 맙니다. 몸을 바치기 전에는 주저함과 물러설 기회와 비효율이 늘 존재합니다. 분명하게 몸을 바치는 순간 신의 섭리도 함께 움직입니다. 헌신은 꿈으로 다가가는 유일한 다리입니다.

사람들이 하기 싫어하는 일을 하는 습관

성공하는 사람은 성공하지 못하는 사람들이 하기 싫어하는 일을 하는 습관을 가지고 있다. 물론 그들도 그런 일을 하고 싶지 않기는 마찬가지이다. 그러나 그들은 목적의식이라는 힘으로 그것을 극복하고, 하기 싫은 일을 하고 싶은 일로 만든다.

– 알버트 그레이

촌철활인 | 한 치의 혀로 사람을 살린다

2,500년 전에 공자는 "알기만 하는 사람은 좋아하는 사람만 못하고, 좋아하는 사람은 즐기는 사람보다 못하다."라고 설파한 적이 있습니다. 물론 즐길 수 있는 일을 업業으로 삼는 것만큼 행복한 일은 없을 겁니다. 그러나 지금 하고 있는 일을 좋아하게끔 노력하는 것 또한 그만한 가치가 있음에 틀림없습니다.

불만은 세상을 바꾼다

불만은 세상을 바꾼다. 걸어 다니기 싫어하는 사람들이 자동차를 만들고 땅으로만 다니는 것이 답답한 사람들이 창공을 나는 비행기를 만들었다. 높은데 걸어 오르내리기 귀찮은 사람들이 엘리베이터를 만들었을 것이다. 세상을 움직이는 것은 불만을 품은 이들이다. 우리가 해야 할 일은 불만을 갖지 말고 현실에서 행복을 찾는 것이 아니라 현실의 불만을 미래에 대한 희망으로 적극 바꾸는 것이다.

– '신명의 심리학'에서

촌철활인 | 한 치의 혀로 사람을 살린다

안빈낙도安貧樂道, 단사표음簞食瓢飮적 삶은 행복도를 높여줌에 틀림이 없습니다. 그러나 거기서 그친다면 미래의 발전과 성장, 더나가서는 미래의 행복을 찾을 수 없을 것입니다. 현실을 극복하겠다는 의지는 사람들에게 내일을 살아갈 희망을 줍니다. 현실을 긍정적으로 해석하되 부족한 것에 대한 끝없는 도전을 조화시키는 것, 이것이 행복한 성공방정식이 아닐까요?

좋아하는 일을 하라

좋아하니까 하게 되는 그런 일을 하라. 그러면 성공은 저절로 따른다. 자신이 좋아하는 일을 하는 사람은 누구나 열정과 에너지를 그것에 쏟아붓는다. 자신이 진정으로 하고 싶은 일을 찾아 하는 것, 그것이 가장 중요한 일이다.

– 노만 빈센트 필

촌철활인 | 한 치의 혀로 사람을 살린다

자신에게 흥미를 불러일으키는 것, 그리고 자신이 잘해낼 수 있는 것이 무엇인지 알아내서, 그것에 모든 것을 쏟아부으세요, 그러면 행복과 성공은 자연스럽게 따라오게 되어 있습니다.

모든 일에 흥미를 가져라

독창적이고 창조적인 사람이 되기 위해서는 먼저 모든 일에 흥미를 가져야 한다. 그것이 시작이다. 흥미가 한 분야로 집중되면 그것이 관심 또는 관찰이 되는 것이다. 관심을 체계화시킨 것이 연구이다. 인류의 진보에 기여한 위대한 사상과 업적도 실은 이처럼 흥미를 갖는 아주 단순한 일에서부터 시작된다.

— 김대중(전 대통령)

촌철활인 | 한 치의 혀로 사람을 살린다

흥미와 호기심이 창조와 발전의 시작이라는 데에 동의합니다. 사람들은 나이가 들어가면서 많은 일에 흥미와 호기심을 잃어가는 경향이 잇습니다. 그러나 그 반대의 경우도 존재합니다. 젊음과 늙음을 재는 척도로 육체적 잣대 외에 '새로운 것에 보이는 호기심과 흥미'를 사용해보는 것도 재미있습니다.

진정한 승리는 평범함에서
벗어날 때 찾아온다

만일 우리가 작은 위험을 감수하고 기존의 규칙을 미묘하게 위반함으로써 표준에서 약간 벗어날 의향만 있다면, 적어도 이론적으로는 예전과 다른 결과를 달성하고 틈새시장을 발견해 단기간이라도 독점적 지위를 누리면서 약간의 돈을 벌 기회가 생길 것이다.

— 요나스 리더스트럴러 & 첼 노오스트롬, '펑키 비지니스'에서

촌철활인 | 한 치의 혀로 사람을 살린다

표준과 동일은 평범함의 상징입니다. 남과 같음, 즉 평범함으로는 아무것도 얻지 못합니다. 과거에도 그랬고, 지금도 그러하며, 미래에도 그럴 것입니다. 진정한 승리를 거두려면 평범함에서 벗어나야 합니다. 성공한다는 것은 남과 달라진다는 의미입니다.

성공한 상인의 특징

성공한 상인과 그렇지 못한 상인의 가장 큰 차이점은 성공한 상인은 어제보다 지혜롭고, 어제보다 너그러우며, 어제보다 사람을 잘 알고, 어제보다 잘 베풀며, 어제보다 여유롭다는 것이다.

– 리카싱(청쿵그룹 회장)

촌철활인 | 한 치의 혀로 사람을 살린다

어제와 다른 나를 끊임없이 만들어가는 사람만이 성공할 수 있음을 지적한 말입니다. 일신일신 우일신日新 日新 又日新의 지혜를 다시 한 번 되새겨 봅니다. 변화의 폭과 깊이가 더욱 더 커지고 있습니다. 성공을 위해서는 지속적으로 지식을 탐구하고 낡은 것을 버리고 새로운 것을 창조해야 합니다. 또한 편안한 환경에 있을 때에도 위급한 때의 일을 미리 예상하고 경계할 줄 알아야 합니다.

현자(賢者), 부자(富者), 강자(强者)

현자(賢者)는 모든 사람들로부터 배우는 사람이고, 부자(富者)는 자기가 가진 것에 만족하는 사람이다. 강자(强者)는 자기와의 싸움에서 이기는 사람이다. 마음만 먹으면 누구나 쉽게 이룰 수 있다.

– 이명환(동부그룹 부회장)

촌철활인 | 한 치의 허로 사람을 살린다

강하게 마음먹고 그대로 실천하면 누구나 지혜와 부를 얻을 강한 사람으로 거듭날 수 있습니다. "바쁘다는 핑계로 책을 읽지 않고, 세상을 보고 배우기 위해 돌아다니지 아니하며, 전문가들에게 귀를 기울이지 않는 경영자는 나쁜 경영자다."라고 말하는 윤종용 삼성전자 부회장 주장도 거듭 생각해 봅니다.

일단 시작하고 보자

조사대상의 3분의 2에 해당하는 100명 중 67명이 스스로 목표를 세웠다. 그러나 목표를 세운 67명 중에서 10명만이 목표 달성에 필요한 현실적인 계획을 세웠다. 그리고 그 10명 중 단 2명만이 중도에서 포기하지 않고 끝까지 목표를 달성했다.

– 그레그 헤리스(목사)

촌철활인 | 한 치의 혀로 사람을 살린다

괴테는 "생각은 쉽고 행동은 어렵다. 그런데 생각을 행동으로 옮기는 일은 세상에서 가장 어려운 일이다."라고 했습니다. 세상에서 가장 먼 거리는 '머리에서 손'까지라는 말도 있습니다. "천천히 가는 것을 걱정하지 말고 제자리 서 있는 것을 걱정하라."라는 중국 속담을 좇아 일단 행동으로 옮겨보는 습관을 가져보는 것이 좋겠습니다.

해보지 않으면 더 많은 후회를 한다

동년배들 가운데 실패한 일에 대해서가 아니라 하지 않은 일에 대해 후회하는 사람들이 점점 더 많아지기 시작했다. 우리는 세상을 살아가는 동안 인생 초반에는 '자신이 한 일'에 대해 후회하다가 중반을 넘어서 부터는 '자신이 하지 않은 일'에 대해 후회하는 일이 더 많아진다.

— 엘링 카게(현존 세계 최고수준의 탐험가), '생각만큼 어렵지 않다'에서

촌철활인 | 한 치의 혀로 사람을 살린다

경험에서 우러난 선인들의 지혜는 내가 그 나이가 되어야만 참뜻이 이해되는 경우가 많습니다. 나이가 들어가면서 한 일보다 하지 않은 일에 대해 더 후회하게 되는 게 사실이라면, 조금이라도 더 젊었을 때 실패를 두려워하지 말고 과감하게 도전해보는 게 어떨까 하는 생각을 해봅니다.

행동으로 옮겨야 한다

행동 없이는 행복도 없다. 성공의 비결은 그 목표가 뚜렷하고 변하지 않는데 있다. 성공하지 못하는 것은 처음부터 끝까지 한길을 가지 않기 때문이지 그 길이 험하기 때문이 아니다. 오직 한곳에 집중하여 정진하면 쇠를 뚫고 만물을 굴복시킬 수 있다.

– 디즈레일리(영국 정치가)

촌철활인 | 한 치의 혀로 사람을 살린다

실행하는 사람만이 성공할 수 있습니다. 호텔 왕 힐튼도 "성공적인 사람은 계속해서 행동한다. 실수를 하기도 하지만 절대로 멈추지 않는다."라고 말했습니다. 성공하는 사람은 실패하지 않는 사람이 아니라 실패했다고 포기하지 않고 또 다시 도전하는 사람입니다.

자신이 하는 일을 좋아하기

행복의 비밀은 자신이 좋아하는 일을 하는 것이 아니라 자신이 하는 일을 좋아하는 것이다. 내가 변할 때 삶도 변한다. 내가 좋아질 때 삶도 좋아진다. 내가 변하기 전에는 아무것도 변하지 않는다. 우리가 삶에서 무엇을 갖는가는 자신이 어떤 사람인가에 달려있다.

– 앤드류 매튜스

촌철활인 | 한 치의 혀로 사람을 살린다

행복한 인생을 위해서는 좋아하는 일, 즐길 수 있는 일을 찾아야 한다고 말하곤 합니다. 그러나 애석하게도 그런 사람은 1,000명 중 한 명이 될까 말까 합니다. 오히려 성공하는 많은 사람들은 특별히 좋아하지 않는 분야에서 출발했지만 자신이 하는 일을 천직으로 생각하고 즐겁게 일한 사람들입니다. 좋아하는 일을 추구하는 것과 더불어 주어진 일을 좋아하는 것 역시 중요합니다.

목숨 걸고 노력하라

만약 성공을 원한다면 그만큼 자기를 희생해야 한다. 큰 성공을 바란다면 큰 희생을, 더 이상 없을 만큼 큰 성공을 원한다면 더 이상 없을 만큼 큰 희생을 치러야만 한다.

– 제임스 앨런(영국 철학자)

촌철활인 | 한 치의 혀로 사람을 살린다

큰 성공을 위해서는 열심히 하는 정도로는 부족합니다. 몰입과 헌신 없이는 좋은 결과를 만들 수 없습니다. 아무도 이 이상은 할 수 없을 정도의 노력을 경주해야만 비로소 남다른 성과가 나오게 됩니다. 당연히 희생이 따르지만 그 희생은 성공을 위한 정당한 대가로 지불되는 것입니다.

미래에만 집중하라

어떤 조직이든 리더가 어디에 관심을 갖느냐가 중요하다. 과거를 중시하면 미래로 나아갈 수 없다. 미래로 가려면 과거에 매달려서는 곤란하다. 왜냐하면 인간은 두 가지를 동시에 집중할 수 없기 때문이다.

– 김호진(교수), '대통령과 리더십'에서

촌철활인 | 한 치의 혀로 사람을 살린다

과거는 과거요, 미래는 미래입니다. 물론 가끔은 과거를 돌아보아야 합니다. 그러나 더 나은 미래를 건설하려면 과거보다는 미래에 집중할 수 있어야 합니다.

좋은 결과에 만족하지 말라

당신이 뭔가를 한다고 칩시다. 만약 상당히 좋은 결과가 나오면 그 단계와 수준에 만족하지 마십시오. 더 멋진 뭔가에 도전하십시오. 한 가지에만 너무 오래 머물러 있지 마십시오. 더 멋진 다음 단계를 스스로 알아내십시오.

— 스티브 잡스, 애플 사옥에 인쇄해 놓은 글

촌철활인 | 한 치의 혀로 사람을 살린다

좋은 것은 위대한 것의 적입니다.Good is the enemy of Great 대개의 사람들은 제법 좋은 삶을 살게 되는 바로 그 순간 위대한 삶으로의 꿈을 접습니다. 좋고, 편안하고, 안락함에서 벗어나려는 끈질긴 노력이 위대함을 만듭니다.

진정으로 원하는 사람이 되고 싶다면

당신이 되고 싶은 사람이 되기 위해서는… 하고 싶지 않은 일을 해야 하고, 듣고 싶지 않은 말을 들어야 하고, 만나고 싶지 않은 사람을 만나야 합니다. 원치 않는 일을 하지 않고 진정 원하는 일을 하는 사람은 없습니다.

— 조정민, '사람이 선물이다'에서

촌철활인 | 한 치의 혀로 사람을 살린다

그렇습니다. 당장 하고 싶은 일만 하면서 진정 원하는 일을 할 수는 없습니다. 당장의 쾌락을 뒤로 미룰 수 있는 만족 지연의 법칙, 편안한 길보다는 험난한 길을 우선 택하는 도전정신이 위대함을 낳습니다.

비전을 가지라는 말은
공부하라는 말과 같다

"리더는 비전을 가져야 한다."는 말을 많이 한다. 나는 비전을 가지라는 말은 공부하라는 말을 더 그럴싸하게 표현해 놓은 것이라고 생각한다. 세상이 어떻게 돌아가는지, 어떤 새로운 기술이 출현하고 어떤 새로운 문화가 나오는지, 그리고 거기에 대비하려면 무엇을 해야 하는지 연구하고 또 연구하라는 뜻이다. 리더의 예언은 신통력의 산물이 아니라 쉼 없는 공부와 연구의 결과물이다.

– 오명(건국대 총장), '30년 후의 코리아를 꿈꿔라'에서

촌철활인 | 한 치의 혀로 사람을 살린다

비전은 통찰력, 혹은 미래에 대한 탁월한 예지력과 관련이 있습니다. 그러나 보통의 사람들과 마찬가지로 리더들에게도 이는 그렇게 쉬운 것이 아닙니다. 그러나 과거를 알고 현재를 이해하고 그를 바탕으로 미래를 보면 앞으로 무슨 일이 일어날지 비전이 보일 수 있습니다. 결국, 비전을 갖는다는 것은 열심히 공부하는 것과 같은 이치임을 알 수 있습니다.

포기할 줄 알면 절반은 이룬 것이다

자기가 원하는 일을 위해 무엇을 포기해야 할지 아는 것은 그 일을 성취하기 위해 해야 할 일들 중 절반을 아는 것이다.

– 시드니 하워드(극작가)

촌철활인 | 한 치의 혀로 사람을 살린다

"잃은 것만큼 얻게 된다. 잃은 것이 클수록 대단한 것을 얻을 수 있다. 순서대로 중요한 것 한 가지만 빼고 나머지는 포기하고 놓아버려라." 현대무용가 홍신자 선생의 말씀입니다. "위인들이 위대한 까닭은 무언가를 손에 넣었기 때문이 아니라 안정을 버리고 인생을 바쳐 무언가를 성취했기 때문입니다."(존 맥스웰)

현대인에게 가장
무서운 병은 조급증이다

현대인에게 가장 무서운 병은 조급증이다. 사람들은 서서히 성장하는 것보다 급성장을 좋아한다. 급성장을 자랑거리로 삼는다. 어떤 버섯은 6시간이면 자란다. 호박은 6개월이면 자란다. 그러나 참나무는 6년이 걸리고, 건실한 참나무로 자태를 드러내려면 100년이 걸린다.

― 강준민, '뿌리 깊은 영성'에서

촌철활인 | 한 치의 혀로 사람을 살린다

치열한 경쟁사회로 바뀌어가면서 속도의 중요성이 점차 강조되고 있습니다. 그러나 빨리 가는 것보다 훨씬 더 중요한 것이 올바르게 커나가는 것입니다. 올바른 원칙, 올바른 가치를 가지고 올곧게 성장해나갈 때만이 빠른 것의 진정한 의미를 가지게 됩니다. 조급증은 심신을 지치게 하고, 나쁜 결과를 가져오기에 급할수록 돌아가는 지혜가 필요합니다.

멈출 때를 알아야 한다

[제목] 풍선

불어야 커진다.

그러나 그만, 멈출 때를 알아야 한다.

옆 사람보다 조금 더 키우려다가 아예 터져서 아무것도 없이 된 신세들을 보라.

– 정채봉. '처음의 마음으로 돌아가라'에서

촌철활인 | 한 치의 혀로 사람을 살린다

헤르만 헤세의 행복론을 함께 감상하세요. "행복은 어디에나 있는 나의 친구이다. 그는 산에도 있고, 골짜기에도 있고, 꽃 속에도 있고, 수정 속에도 있다." 그렇습니다. 행복의 파랑새는 멀리 있지 않습니다. 바로 지금, 바로 이곳에서 행복을 찾아야 합니다.

꿈의 크기만큼
장벽도 커진다

큰 꿈은 큰 벽을 동반한다

사람이 꿈이나 목표를 가지면 눈앞에는 반드시 벽이 나타난다. 그 꿈을 가지지 않았더라면 벽이라고 느끼는 일 없이 살아갔을 것들이 눈앞에 나타나게 된다. 당연히 큰 꿈을 가진 사람에게는 큰 벽이 나타난다.

— 기타가와 야스시, '편지가게'에서

촌철활인 | 한 치의 혀로 사람을 살린다

목표를 가지고 있기 때문에 벽이 나타나는 것입니다. 벽이 숫자가 많아지고, 높아질수록 내가 보다 가치 있는 삶을 살아가기 위한 조건들이 갖춰져 있다는 의미라 할 수 있습니다. 벽은 열심히 살아가려고 하는 증거이며, 따라서 자랑스럽고 반갑게 맞이해야 합니다.

하루하루가 힘들다면

하루하루가 힘들다면 지금 높은 곳을 오르고 있기 때문이다. 편안하고 쉬운 매일 매일이라면 골짜기로 향한 걸음이다. 때로 평지를 만나지만 평지를 오래 걷는 인생은 없다.

– 조정민, '사람이 선물이다'에서

촌철활인 | 한 치의 혀로 사람을 살린다

내가 하기 쉬운 일만 골라서 하고 보람 있는 인생을 산 사람은 없습니다. 내가 하기 힘든 일에 도전하지 않고 의미 있는 인생을 산 사람은 없습니다.

목표와 장애물은 묶음 상품이다

하고 싶은 것을 생각하는 순간 장애물도 같이 따라온다. 목표와 장애물은 묶음 상품이다.

– 전옥표, '빅 픽쳐를 그려라'에서

촌철활인 | 한 치의 혀로 사람을 살린다

목표가 클수록 뛰어넘어야 할 장애의 벽도 커지게 되어 있습니다. 기회는 전혀 기회처럼 보이지 않고 불행이나 실패나 거부의 몸짓으로 변장해서 나타난다는 말이 있습니다. 지금 당장의 고통이나 비극은 어떤 좋은 것을 얻을 수 있는 기회라고 바꿔 생각해보면 어떨까요?

목표에 다가갈수록
고난은 더욱 커진다

목표에 다가갈수록 고난은 더욱 커진다. 처음에는 깨닫지 못했던 여러 문제가 선명하게 보이는 때, 이때가 바로 목표가 현실로 다가오는 시기이다. 성취라는 것은 우리 곁으로 가까이 올수록 더 큰 고난을 숨기고 있다.

- 괴테

촌철활인 | 한 치의 혀로 사람을 살린다

새벽이 가까울수록 더 어둡습니다. 인생은 시련과 함께 한다는 사실을 받아들이는 것, 더 나가서는 그 시련이 인생을 더욱 값어치 있게 만든다는 사실을 긍정적으로 받아들이는 것만으로 훨씬 더 행복하게 살아갈 수 있을 것입니다.

행복에는 항상
어느 정도의 고통이 수반된다

　　재미로 가득하고 고통이 없는 삶이 곧 행복이라고 굳게 믿는다면 진정한 행복을 얻을 가능성은 오히려 줄어든다. 재미와 즐거움이 행복과 동일하다면 고통은 불행과 동일해야 한다. 하지만 사실은 그 반대다. 행복에 이르는 길에는 보통 어느 정도의 고통이 수반된다.

– 지그 지글러

촌철활인 | 한 치의 혀로 사람을 살린다

　　행복은 승리입니다. 승리는 거의 예외 없이 어떤 종류의 일시적인 고통을 수반합니다. 꿈의 크기만큼 고통도 커집니다. 꿈의 크기만큼 역경도 커진다는 사실을 미리 알고 있을 때 어떠한 고난에도 의연하게 대처할 수 있습니다.

시련이 많다는 건 운이 좋은 일이다

나는 오뚜기 인생을 살아왔다. 시련은 성장의 기회고, 행복은 성장의 대가다. 시련이 많다는 건 운이 좋은 일이다. 더 크게 성장할 수 있기 때문이다. 이 시련도 또 흘러간다. 기회는 언제나 있다.

– 박찬호, 뉴욕 양키스에서 방출 직후 올린 글

촌철활인 | 한 치의 혀로 사람을 살린다

"이 세상의 거의 모든 성공스토리는 문제나 장애를 똑바로 인식하고 그 문제를 기회로 바꾼 사람들에 의해 창조되었다."라는 글을 본 적이 있습니다. 그렇게 보면 문제나 장애는 성공스토리를 빛내주는 훌륭한, 아니 절대 필요한 소재라 할 수 있습니다.

배고픈 상태라면 축복받은 사람이다

뭔가를 이루려는 데 돈이 부족한가? 그러면 당신은 '배가 고픈' 사람이다. 시간이 부족한가? 그렇다면 당신은 '배가 고픈' 사람이다. 당신이 배고픈 상태라면 당신은 축복받은 사람이다. 뭔가가 부족하다고 느낄수록 당신의 마음은 더욱더 간절해질 것이다.

– '꿈PD 채인영입니다'에서

촌철활인 | 한 치의 혀로 사람을 살린다

꿈을 이루어 가는 동안 장애물을 만나지 않은 사람은 단 한 사람도 없습니다. 시간이 없고 돈이 없어서 꿈을 이루지 못하는 건 아닙니다. 꿈이란 오히려 시간이 없고 돈이 부족하기 때문에 이룰 수 있습니다. 돈과 시간이 없다는 것은 포기할 이유가 아닌 더욱 열심히 노력해야 할 이유입니다.

권선복
(도서출판 행복에너지 대표이사)

출판사를 경영하면서 참으로 다양한 도서를 세상에 내놓았지만 '행복한 경영이야기' 열 권 시리즈 출간만큼은 그 감회가 남다릅니다. '행복한 경영이야기'의 애독자로서, 휴넷 조영탁 대표의 팬이었던 제가 직접 이 시리즈를 제작했다는 사실만으로도 가슴이 벅찬 까닭입니다.

수차례 출간회의를 하며 교류한 조영탁 대표는 굉장히 유연한 사고방식과 인간미가 넘치는 사업관을 지닌 분이셨습니다. 한편으로는 완벽한 자기관리를 추구하는, 냉철한 CEO의 면모 또한 엿볼 수 있었습니다. 그렇기에 더욱 자신 있게 '행복한 경영이야기' 열 권 시리즈를 도서출판 행복에너지에서 야심작으로 출간할 수 있었습니다. 자신만의 성공과 특권이 아닌, 타인의 행복한 삶까지 늘 돌보는 그분의 마음은 진심이기 때문입니다.

행복한 경영이야기의 10년의 여정, 조영탁 대표의 그 열정에 다시 한 번 힘찬 응원의 박수를 보내며 행복에너지가 대한민국 방방곡곡에 전파되어 많은 사람들의 삶이 행복을 영위하게 되길 진심으로 기원합니다.

긍정하면 마술이 시작된다

조영탁 지음 | 284쪽 | 값 15,000원

인생이 지루하고 평범할 까닭은 없다. 우리의 매일매일이, 하나의 기적이요 기쁨이기 때문이다. 하지만 많은 이들이 삶이 힘겹고 재미가 없다고 한다. 그렇다면 '긍정'하라. 사고의 간단하고 전환으로 시작되는 일상의 마술. 이제부터 우리의 삶은 희열과 에너지로 가득 차게 될 것이다.

노력이 천재를 이긴다

조영탁 지음 | 284쪽 | 값 15,000원

진정한 열정이란 인간을 게으르게 만드는 천부적 재능이 아닌, 부족한 부분을 채우기 위해 밤낮없이 땀을 흘리는 노력의 시간이다. 책『노력이 천재를 이긴다』를 통해 평범한 한 인간이 어떠한 방식으로 천재를 이기고 행복을 거머쥘 수 있는지 확인해 보자.

하늘은 먼저 주는 자를 돕는다

조영탁 지음 | 284쪽 | 값 15,000원

책『하늘은 먼저 주는 자를 돕는다』는 타인에게 베풀면 베풀수록 자신의 삶은 더욱 풍성해지고 행복해지는 '인간관계'에 대해 이야기한다. 올바른 인간관계 위에서만 가능한 성공의 삶을 위해 우리는 어떠한 방안을 강구하고 어떻게 노력을 해야 하는지 귀 기울여 보자.

우리는 이미 리더입니다

조영탁 지음 | 292쪽 | 값 15,000원

현대 사회에서 삶을 성공적으로 이끌기 위해서는 '리더십은 옵션이 아닌 필수 사항'이다. 자신의 처지를 따지기 전에 항상 리더가 될 준비를 게을리하지 않는 사람만이 행복에 다다를 수 있음을 책『우리는 이미 리더입니다』에 등장하는 수많은 성현과 세계적 리더들의 목소리로 확인해 보자.

지금 당장 시작하라 Just Do It

조영탁 지음 | 280쪽 | 값 15,000원

지금 아무것도 하지 않으면서 어떠한 결과를 바라는 사람만큼 바보도 없다. 무엇이 되었든 실행을 하면서 수정, 보완하고 새로운 대책과 계획을 세워 나가는 것이 속도와 혁신의 시대, 21세기에서 살아남는 법이다. 책 『지금 당장 시작하라』는 몸으로 직접 부딪쳐 행복을 일구는 법을 담았다.

위대한 경영자들의 말

조영탁 지음 | 288쪽 | 값 15,000원

『위대한 경영자들의 말』은 인류 역사상 손에 꼽히는 경영인과 분야별 리더들의 명언을 모았다. 저자는 이를 날카로운 통찰력이 빛나는 '촌철활인寸鐵活人(한 치의 혀로 사람을 살린다)'으로 재해석하여 현대인이 지향해야 할 삶의 태도와 마음에 꼭 새겨야 할 가치를 제시한다.

행복 에너지

조영탁 지음 | 288쪽 | 값 15,000원

『행복 에너지』는 주제별 7권의 행복한 경영이야기 시리즈 중 베스트를 선별하여 '단 한 번밖에 주어지지 않은 소중한 내 인생을 어떻게 하면 멋지게, 신나게, 행복하게 살아갈 수 있을까'라는 질문에 대한 현자들의 명쾌한 대답들을 담아냈다. 인문, 철학, 문학, 종교, 예술, 경영, 자기계발 등 다양한 분야에서 칭송을 받아온 역사적 인물들을 만나보자.

청소년을 위한 행복 에너지

조영탁 지음 | 292쪽 | 값 15,000원

『청소년을 위한 행복 에너지』는 '불투명한 미래와 학업의 중압감에 지친 청소년들이 무엇에 열정과 노력을 쏟아야 하는지에 대한 명쾌한 해답'을 들려준다. 이 책을 통해 대한민국의 미래를 책임질 수많은 청소년들이 자신의 가치가 얼마나 큰지를 깨닫고 어떠한 꿈을 안고 살아가야 하는가를 깨닫기를 기대한다.

대학생을 위한 행복 에너지

조영탁 지음 | 296쪽 | 값 15,000원

학문에 열중하고 진정으로 원하는 미래를 위해 뛰는 대학생이 과연 몇이나 될까. 유래가 없는 취업난은 우리 청년들에게 스스로 이 황금 같은 청춘을 허비하도록 강요한다. 과연 정답은 없는 것일까. 하지만 이 책에 담긴 위대한 인물들의 전언을 살펴본다면 용기가 생기고 명확한 목표가 세워질 것이다.

해 뜨는 서산

이완섭 지음 | 368쪽 | 값 15,000원

중요한 것은 구성원들이 서로 화합하면서 지역의 열세를 극복하겠다는 실천적 의지와 긍정적 자세를 갖추는 것이다. '내일은 내일의 태양이 뜬다!'는 긍정의 마음으로 서산에 뜨는 태양을 가장 먼저 서산시민들께 보여주고 싶다. "서산은 해처럼 떠서 새처럼 비상해나갈 것이다."

성공하는 자녀의 네 가지 비밀

박찬승 지음 | 300쪽 | 값 15,000원

책 『성공하는 자녀의 네 가지 비밀』은 자녀들의 성장 가능성과 적성을 가늠해보고, 아이들의 자존감과 자립심을 돕는 방법을 배울 수 있도록 구성되었다. 현재 대전 유성고 교장인 저자가 풍부한 현장 경험을 통해 알아낸 영재 공부 비법과 효율적인 학습법 또한 함께 담겨있다.

나는 오늘도 도전을 꿈꾼다

원유철 지음 | 264쪽 | 값 15,000원

1991년 경기도의회 최연소 의원으로 정계에 입문(28세)했던 원유철 국회의원(현역, 4선)이 전하는 삶의 이야기를 담은 책이다. 허기, 패기, 끈기, 용기라는 네 가지 주제를 중심으로 인생 역정과 정치인으로서의 행보 그리고 국민 모두의 행복한 삶을 위한 비전을 제시한다.

마지막 통화는 모두가 "사랑해…"였다

정기환 지음 | 296쪽 | 값 15,000원

글로써 연결되는 인간관계가 역사를 새로이 쓰고 지탱하는 힘이다. 그래서 책 『마지막 통화는 모두가 "사랑해…"였다』는 가치가 있다. 인간다움이 점점 사라지는 현실 속에서도 '사람 냄새' 나는 아날로그적 감성을 고스란히 간직함은 물론 이 시대를 관통하는 함의가, 우리 시대의 생생한 민낯이 이 한 권에 모두 담겨 있기 때문이다.

생각을 벗어라

김창수 지음 | 188쪽 | 값 12,500원

저자는 일상 속에서 느끼고 깨달은 것을 자유로이 글로 적은 모든 게 '시'임을, 우리의 삶 자체가 하나의 놀랍고 아름다운 광경임을 독자에게 전하고 있다. 이 세상에는 잘난 인생도, 못난 인생도 없다. 잘난 삶을 살겠다는 생각마저 하나의 굴레임을 깨닫고 세상이 제시하는 틀 밖으로 고개를 내밀어 진정한 희망을 두 눈으로 확인해 보자.

올드맨쏭

이제락 | 264쪽 | 값 13,000원

배우에서 영화감독으로 이제는 작가로! 다양한 재주꾼, 이제락의 첫 소설! 거듭된 이별이 가져다준 상처투성이 삶을 끌어안고 살아가는 한 사내와 그 앞에 음악처럼 운명처럼 찾아온 아이의 감동적인 이야기. "이토록 위대한 만남을 위해 우리들의 이별은 거룩했다."

부부가 함께 만드는 행복 사다리

신진우 지음 | 284쪽 | 값 15,000원

그렇게나 사랑한 나머지 손을 꼭 붙들고 함께 식장에 들어섰던 그 혹은 그녀의 존재를 재확인하고 다시 인정하는 것에서부터 관계의 회복은 시작된다. 책 『부부가 만드는 행복 사다리』는 너무나도 당연한 부부간의 다툼을 어떻게 받아들이고 부부싸움 후 어떠한 방식으로 화해의 실마리를 풀어가야 하는가에 대해 한 수 알려준다.

그대 인연을 사랑하라

남달구 지음 | 300쪽 | 값 15,000원

『그대 인연을 사랑하라』는 비록 남달구 기자가 세상에 내놓는 첫 번째 책이지만 안에 담긴 '맛과 멋'은 장인의 솜씨와 열정 그대로이다. 특종과 이슈가 아닌 '가치와 진실' 그리고 '참 나'를 찾아 떠나온 삶의 여정. 책 『그대 인연을 사랑하라』는 수많은 독자에게 참된 나와 진실한 세상으로 가는 길목의 이정표가 되어줄 것이다.

내 인생의 터닝 포인트

김원수 · 박필령 지음 | 316쪽 | 값 15,000원

이토록 행복하고 멋있게 살아가는 부부가 있을까. 이 책은 암이 가져다준 고통마저도 삶의 축복으로 승화시키는 애정과 헌신의 힘. 한 명의 보잘것없는 인간이 부부가 됨으로써 위대한 존재가 되어가는 과정을 담고 있다. "나의 인생이 즐겁고 아름다운 까닭은 단 하나, 바로 당신. 몇 번을 다시 태어나도 나에겐 오직 당신뿐입니다."

소리 1

정상래 지음 | 352쪽 | 값 13,500원

1, 2부 총 8권으로 구성된 『소리』는 10년의 집필 기간이라는 혼신의 피땀이 담긴 역작이다. 『토지』나 『태백산맥』을 연상시킬 만큼 방대한 분량과 치밀한 구성, 유려한 서사는 이 나라, 바로 나 자신의 존재 가치와 이유를 증명하고 있다. 한 여인의 기구한 생이 한을 낳고 그 한이 혼으로 승화하는 과정을 통해 독자는 그 어느 작품에서도 맛볼 수 없었던 감동과 글의 풍미를 느낄 것이다.

70대 인생을 재미있고 신나게 사는 이야기

김현 · 조동현 지음 | 268쪽 | 값 13,500원

저자 부부는 70대란 나이는 숫자에 불과하며 자신이 좋아하면서도 타인에게 도움을 줄 수 있는 일에 매진하면 얼마든지 노후를 신나고 재미있게 보낼 수 있다고 전한다. 초고령화사회를 눈앞에 둔 대한민국 사회에 가장 필요한 이야기에 귀 기울여 보자.